116

Paul Virilio/Sylvère Lotringer
Der reine Krieg

Aus dem Französischen von
Marianne Karbe und Gustav Rossler

Merve Verlag Berlin

Originaltitel: "Pure War"

New York: Foreign Agents Series 1983
© 1983 Semiotext(e) and Paul Virilio
(Deutsche Übersetzung nach dem
französischen Typoskript)

© 1984 by Merve Verlag GmbH, 1 Berlin 15
Postfach 327. Printed in Germany. Druck-
und Bindearbeiten: Dressler, Berlin. Um-
schlagentwurf: Jochen Stankowski, Köln.

ISBN-Nr. 3-88396-036-5

INHALT

1

Kriegs-Raum

Stadt und Politik --- Die "Festung Europa" --- Der mili-
tärische Raum --- Bunker-Archäologie --- Ursprünge
der Stadt --- Krieg und Handel --- "Tumulte" --- Logistik
--- Städtische Seßhaftigkeit --- Die Karawane zieht vorbei
--- Geostrategie --- Stadtstaat, Nationalstaat --- Chronopo-
litik --- Die Stadt der toten Zeit --- Militärische Bildung
--- Totaler Krieg --- "Technische Überraschung" ---
Kriegsökonomie --- Gegen die Soziologie

Syvère Lotringer: *Du gehörst zu den wenigen französischen Denkern, welche die Sprache der Soziologie und
Philosophie aufgegeben haben, um einen Diskurs vom
Krieg zu führen. Was bringt einen Architekten dazu, eine
"Archäologie" der Bunker zu betreiben? Wie kommt es,
daß ein Stadtplaner sich schließlich Fragen zur Gewalt
der Geschwindigkeit stellt und die Todesmaschine ent-
larvt, die in den Wundern der Technik am Werk ist? Was
treibt dich dazu, überall in der Gegenwart, auf jedem Gebiet einen Kriegshorizont auszumachen?*

Paul Virilio: Zunächst einmal bin ich Urbanist, Stadtplaner. Doch der Bezug zur Stadt ist für mich unmittelbar
auch ein Bezug zur Politik. Übrigens sind etymologisch
gesehen Städtebau und Politik dasselbe. Das Engagement
für eine politische Ideologie hat übersehen lassen, daß
Politik zuerst die Stadt, der Stadtstaat ist.

*Heißt Stadt denn zuerst Krieg? Wie bist du dazu ge-
kommen, den Krieg ins Zentrum deiner Überlegungen zu
stellen?*

Ich gehöre zu denen, die sich für den Krieg aufgrund ihrer Biographie interessieren. Ich habe den Krieg als Kind erfahren. Die Zerstörung der Stadt Nantes war für mich im Alter von zehn Jahren ein traumatisches Geschehen. Meine ersten Untersuchungen galten der Militärarchitektur im Zweiten Weltkrieg. Zehn Jahre lang habe ich nach Elementen der "Festung Europa" gesucht, und gerade dadurch wurde mir der Kriegs-*Raum*, die räumliche Dimension des totalen Kriegs, klar.

Es gibt einen Raum des Krieges?

Der militärische Raum ist etwas, wovon nicht oft die Rede ist. Das gibt es bei Clausewitz, aber es wurde seither kaum wieder aufgegriffen. Man spricht von der Geschichte des Krieges, von Schlachtfeldern und von den Toten in einer Familie, aber man spricht nicht vom militärischen Raum als Herausbildung eines besonderen Raums. Und da gerade siedelt sich meine Arbeit an. Auf einmal begriff ich, daß der Krieg ein Raum im geographischen, ja mehr als geographischen Sinne war. Wenn man Europa von Norden nach Süden durchquert, von den Luftschutzkellern der deutschen Städte über den Atlantikwall und die Maginot-Linie bis zum Westwall, so bekommt man ein Bewußtsein vom Ausmaß des totalen Kriegs. Zugleich berührt man damit auch die mythische Dimension eines Krieges, der sich nicht nur auf Europa, sondern auf die ganze Welt erstreckt. Die Objekte, die Bunker, Festungen, Luftschutzkeller und U-Boot-Stützpunkte sind so etwas wie Anhalts- oder Markierungspunkte für das Totalitäre des Kriegs im Raum und im Mythos.

Architektur stellt immer so etwas wie ein Monument gesellschaftlichen Denkens dar. Bunker sind dann sozusagen auskristallisiertes militärisches Denken, in den Raum des Krieges geworfene Betonstädte. Deine Bunker Archéologie[1] erforscht den totalen Krieg in seinen mythischen Dimensionen, aber sie fragt auch nach der Herausbildung der Stadt und der Zukunft des Städtebaus.

Städte gibt es schon lange. Sie sind da als außergewöhnliche Zeugnisse für das Vermögen der menschlichen Gattung zur Konzentration im Raum.

Wie ist diese Konzentration entstanden?

Es gibt zwei große Schulen des Städtebaus. Für die einen liegen die Ursprünge von Stadt und städtischer Seßhaftigkeit im Handel; für die anderen – die Minderheit, darunter Philip Toynbee – liegen sie im Krieg, und der Handel kommt erst in zweiter Linie. Offenbar gehöre ich zu jener Minderheit, die meint, daß die Stadt aus dem Krieg entsteht, zumindest aus seiner Vorbereitung.

Die Stadt entsteht nicht aus dem Krieg im eigentlichen Sinne?

Natürlich gab es von der Steinzeit bis zum Krieg der Stadtstaaten Millionen Tote, doch diese sind Opfer von dem, was die Alten "Tumulte" nannten: Verwüstungen, Zustände, welche noch nicht den Status des Krieges hatten. Ich stimme übrigens mit Pierre Clastres[2] überein, wenn ich sage, daß gerade der "Tumult" der Stämme oder, wenn du so willst, die Guerilla das Auftauchen des Staates verhindert hat. Sobald sich ein Staat gebildet hatte, entwickelte er den Krieg als Organisation und Ökonomie des Territoriums, als Ökonomie von Geld und Technologie. All das hat schließlich die befestigte Stadt und den Krieg mit Wurfwaffen ermöglicht (ich denke hier an die Katapulte und all die erstaunlichen Apparate, die zu jener Zeit in etwa unseren modernen Kanonen entsprachen).

Das durchgängige Phänomen ist nicht die Ökonomie, es ist der Krieg.

Eben das nenne ich Logistik. Die Logistik steht am Anfang der Kriegsökonomie, die danach zur Ökonomie überhaupt wird, und zwar so, daß sie die politische Ökonomie ersetzt.

Beim Aufbau der Stadt kommt es also nicht auf die Schlacht an, sondern auf die Vorbereitung zur Schlacht.

In früheren Kriegen hieß Verteidigung nicht Geschwindigkeit sondern Verzögerung. Vorbereitung zum Krieg: das hieß Mauer, Wall und Festung. Und gerade die Festung als ständige Befestigung sollte den Fortbestand der Stadt sichern. Die städtische Seßhaftigkeit war somit an die Dauer von Hindernissen gebunden.

Der Handel hängt nicht von der Seßhaftigkeit ab; er ist das Ergebnis davon.

Der erste Handel fand am Strand statt. Die Phönizier kamen mit dem Schiff vorbei (dasselbe gilt für die Karawane), legten einen Gegenstand auf den Strand und kamen dann später zurück um zu sehen, ob man ihn weggenommen und etwas an seine Stelle gelegt hatte. "Die Karawane kommt, die Karawane zieht weiter" – das ist Handel. Das gab es schon immer. Man stellt eine Milchkanne ans Tor und geht weg; später kommt man zurück und hebt das Geld auf. Gibt's kein Geld, so gibt's auch keine Milch mehr.

Der Handel braucht keine Städte.

Der Handel kommt, nachdem sich der Krieg an einem Ort konzentriert hat, nach einem Belagerungszustand, nachdem man Glacis, Festungsvorfelder um ein Wohngebiet herum angelegt hat, etc. Zum Handel ist keine Stadt im Sinne von Seßhaftigkeit und festen Gebäuden nötig. Ja, Handel ist gerade das Gegenteil von Seßhaftigkeit: er ist eine Etappe, ein Haltepunkt an der Kreuzung zweier Verkehrsströme.

Deine Arbeit als Stadtplaner hat bei dir das Interesse an Strategien oder, genauer gesagt, an Geostrategien geweckt. Trotzdem schreibst du in L'Insécurité du territoire[3] *, daß das Territorium heute keinerlei Geostrategie mehr erkennen läßt.*

Die Fragestellung hat sich lediglich verschoben. Frühere Gesellschaften bevölkerten den Raum. Sie bevölkerten ihn mit Niederlassungen, dann mit Städten, schließlich mit Hauptstädten. Der Stadtstaat war ein loser Verbund, eine Konzentration von Dörfern. Eine solche Konzentration wiederholte sich in größerem Maßstab beim Nationalstaat und bei der Schaffung einer Hauptstadt, der Stadt der Städte. Damals – und dies trifft auch heute noch größtenteils zu – ging es darum, den geographischen Raum aufzuteilen, zu verwalten und die Besiedelung eines Territoriums zu organisieren. Das war Geopolitik.

In welchem politischen Raum befinden wir uns denn heute?

Heute befinden wir uns im Chronopolitischen. Die Geographie ist das Maß des Raumes. Nach dem Zweiten Weltkrieg hat sich die Geographie nun aber durch die Transportvektoren, die Trägerraketen verwandelt. Man ist zu einer anderen Analyse des Raums gekommen, die an einen Zeit-Raum gebunden ist. Dies ist eine Geographie der Zeit, das was man in der Geographie *Azimuthalprojektion* [3a] nennt. Es ist keine Geographie des meteorologischen Tags mehr, sondern die Geographie des Geschwindigkeits-Tags. Schon heute kann man, wenn man zu bestimmten Jahreszeiten von Los Angeles oder New York nach Paris zurückkehrt, beim Überfliegen des Pols aus dem Flugzeugfenster manchmal die aufgehende *und* die untergehende Sonne sehen. In ein- und derselben Luke sieht man die Morgen- und die Abenddämmerung. Solche stereoskopischen Bilder verdeutlichen schon ziemlich gut das Jenseits der geographischen Stadt und die kommende Zusammenballung der Menschen *in* der Zeit der Fortbewegung. Diese Jenseits-Stadt ist eine Stadt der toten Zeit.

Ein Städtebauer ist jemand, dessen Kunst die Stadt auftauchen ließ; heute läßt die beschleunigte Geschwindigkeit sie verschwinden. Zweifellos ist das Feingespür ei-

nes Städtebauers oder Stadtplaners erforderlich, um die Stadt von neuem auftauchen zu lassen – außerhalb ihrer selbst, jenseits ihrer selbst, im Bannkreis des Krieges.

Tatsächlich hängt das mit meiner Beziehung zum Politischen und zum Tod zusammen. Schließlich war in früheren Gesellschaften eine eingenommene Stadt eine ausradierte Stadt, dem Erdboden gleichgemacht und massakriert. Der Krieg war der Tod der Stadt, der ihrer Steine und ihrer Leiber. Mein Verhältnis zur Kriegsmaschine hatte schon immer eine gewisse mythische Dimension.

Haben deine Thesen auf seiten des Militärs irgendeine Resonanz gefunden?

Ich werde von ihnen gelesen und ernst genommen. Ich habe sowohl General Buis und Admiral Sanguinetti getroffen als auch Xavier Sallentin, den Leiter der "Hautes Etudes de Défense Nationale" (Militärakademie). Dieser hat mich scharf kritisiert.

Gibt es in Frankreich einen Dialog zwischen Militärs und Zivilisten?

In den angelsächsischen Ländern steht ein kulturelles Wissen über den Krieg jedermann zur Verfügung. In den Buchläden Londons oder Berlins findet man alle Bücher, auch die aktuellsten, die militärische Fragen behandeln. In Frankreich gibt es kein kulturelles Wissen über den Krieg. Es wird zensiert. Militärische Fragen gehören nicht zum akademischen Bereich, wahrscheinlich deshalb nicht, weil in Frankreich Politisches und Militärisches immer sehr nahe beieinander lagen.

Die Nähe schafft Argwohn?

Es ist noch nicht lange her, da waren in Frankreich Generäle an der Macht. Und vielleicht gibt es immer noch welche, die sich auf eine Machtergreifung vorbereiten. Ich nehme eine solche Haltung zu den militärischen Fragen ein, weil sie hierzulande generell verdrängt werden. Man spricht nicht davon und hat nicht davon zu sprechen, es sei denn, um beispielsweise hervorzuheben,daß Oberst Bigeard eine Dummheit gesagt hat. So etwas hört man gern. Aber vom Militärischen so zu reden, wie man von Philosophie, Soziologie oder Ökonomie redet –oh nein.

Können mit dem Diskurs des Krieges die aktuellen Konflikte eher klargemacht werden als mit dem politischen Diskurs?

Eine klare Trennung zwischen militärischer und politischer Intelligenz wird bald überholt sein. Gerade *das* nimmt man nicht recht wahr. Es fängt an mit dem Ende des Ersten Weltkriegs, der schließlich der erste totale Krieg war und nicht etwa erst der Krieg von 1939–45. Damals prägte Georges Clémenceau einen Schlüsselsatz: "Der Krieg ist eine zu ernste Angelegenheit, um sie den Militärs zu überlassen." Das war die letzte *politische* Aussage eines Politikers in Frankreich (wenn auch nicht in Europa). Genau hier, in der Kriegswirtschaft, in der ökonomischen Verpflichtung der europäischen Gesellschaften auf den Krieg, löst sich der Zusammenhang des politisches Diskurses auf. Und genau hier werden politische Urteilsformen endgültig durch Strategien ersetzt.

Wie erklärst du diesen Wandel?

Die politische Gesellschaft des 19. Jahrhunderts war eine Gesellschaft, in der Schulen, Kollegs und Lehrer eine sehr historische, sehr historizistische Bildung vermittelten. Das Unterrichtswesen in Frankreich und Europa orientierte sich an den Jesuiten. Es war also neo-militärisch. Bis zum Krieg von 1914 gab es Politiker, Zivilisten, deren Kriegsverständnis von den Autoren der Antike und der Erinnerung an Napoleon geprägt war. Diese Politiker waren wirklich Zivilisten, und zwar gerade weil sie eine militärische Bildung besaßen. Sie konnten den Generälen das Wasser reichen und das Kriegsgeschehen genausogut analysieren wie die Offiziere. Nach dem

Ersten Weltkrieg gab es nun aber eine Zäsur, die sonst als positiv betrachtet wird: eine Trennung zwischen dem politischen Diskurs und dem immer technischer werdenden Diskurs des Krieges. Der Krieg von 1914 war schließlich der erste eigentlich technische Krieg in Europa (in den Vereinigten Staaten hat es natürlich den Sezessionskrieg gegeben, der bereits ein totaler Krieg war). Nach einigen Monaten Krieg im Schützengraben - d.h. Stellungskrieg, die Armeen waren bewegungsunfähig geworden - wurde klar, daß die Kriegsproduktion, die bisherige Produktion, die man zu Friedenszeiten vorgesehen hatte, dem militärischen Verbrauch (der Anzahl von eingesetzten Granaten, Bomben, Flugzeugen etc.) nicht mehr entsprach. Und zwar auf beiden Seiten nicht, weder bei den Deutschen noch bei den Alliierten. So sah die sogenannte "technische Überraschung"im Ersten Weltkrieg aus. Auf einmal gab es eine tragische Revision der Kriegsökonomie. Man konnte nicht mehr ohne weiteres sagen, daß es auf der einen Seite die Waffenfabrik gibt, die ein paar Granaten herstellt, und auf der anderen den Zivilbedarf und das Haushaltsbudget. Nein, man erkannte, daß es einer besonderen Ökonomie, einer Kriegswirtschaft bedurfte. Diese Kriegswirtschaft war eine außergewöhnliche Entdeckung, die den militärischindustriellen Komplex tatsächlich erst ankündigen und einleiten sollte.

Das ist das Ende der zivilen, der bürgerlichen Gesellschaft.

Das ist das Ende der ökonomischen Rationalität einer "politischen Ökonomie".

Das Zivile wird militärisch.

Das Zivile löst sich auf. Es verliert seinen Sinn. Häufig sagt man mir: du denkst *politisch*, wie man es in der Antike getan hat. Das stimmt. Ich halte nichts von der Soziologie. Durch sie wird etwas verdeckt. Die Soziologie wurde erfunden, um die Politik in Vergessenheit zu bringen. Mich interessiert das alles aber nicht, alles,was sozial und soziologisch ist. Ich ziehe Politik und Krieg vor. Wenn ich nun behaupte, daß sich etwas auflöst, so deshalb, weil das Verhältnis zwischen dem Zivilen und dem Militärischen tatsächlich nicht mehr sehr klar ist. Denn die Ökonomie wird gänzlich vom Krieg in Anspruch genommen; und dies schon zu Friedenszeiten.

Es handelt sich um eine kopernikanische Wende in den Beziehungen zwischen Strategie und Politik.

Unbedingt.

2

Kriegs-Zeit

Die drei Funktionen nach Dumezil --- Mythos und Tendenz --- Eisenhower --- Strategie und Taktik --- Die Atombombe --- Logistik --- Die a-nationale Militärklasse --- Die stärkste Waffe --- Die letzte Waffe --- Militärische Intelligenz --- Verschwinden des Militärs --- Krieg und Wissenschaft --- Das Rätsel der Technik

---

Du lehnst die soziologische Analyse ab, ersetzt sie jedoch durch ein mythologisches Modell. Durch die Struktur dreier "Funktionen", die Georges Dumezil für die indoeuropäische Zivilisation aufstellte: die religiöse Funktion, die militärische Funktion und die ökonomische Funktion.[4] Diese Dreiteilung ist eher eine mythologische Projektion als eine historische Realität. Wieso sollte sie besser zur Analyse geeignet sein als die zeitgenössische Soziologie?

In Mythen steckt unbestreitbar ein analytisches Vermögen. Verglichen damit scheint mir die Soziologie nur oberflächlich vorzugehen. Was mich interessiert, ist die Tendenz. So schreibt Churchill: "In früheren Kriegen waren Episoden wichtiger als Tendenzen, im modernen Krieg sind Tendenzen wichtiger als Episoden." Der Mythos zeigt die Tendenz. Daher scheinen mir die drei genannten Funktionen zum Verständnis des Kriegs und der Politik bei weitem besser geeignet als noch so viele makro- und mikrosoziologische Ausführungen. Eine Tendenz ist keine greifbare Realität, sondern Resultat einer statistischen Sichtweise. Zu einer solchen Sichtweise gehört auch der Mythos: er ist ein Mittel der Analyse und zeigt eine Tendenz.

*Ich glaube, daß die drei Funktionen in den indoeuropäi-
schen Gesellschaften wie viele andere Strukturen uns
erst deshalb sichtbar wurden, weil sie im Verschwinden
begriffen sind. Auch wenn man nicht so weit geht wie
Baudrillard[5] und eine Umkehrbarkeit aller Pole und ihre
mögliche Implosion ins Auge faßt, muß man doch zugeben,
daß die für dich wesentliche Unterscheidung zwischen
dem Zivilen und dem Militärischen schwerlich noch aufrechterhalten werden kann.*

Man braucht sie nicht aufrechtzuerhalten. Aber sowohl
die Analyse Dumezils, seine Analyse der europäischen Geschichte anhand der drei Funktionen, als auch die Vor-
stellungswelt, das Weltbild des Feudalismus, wie Georges
Duby sagen würde (er zitiert Dumezil kaum, was ziemlich
ins Auge fällt)[6], lassen die tendenzielle Entwicklung der
abendländischen Gesellschaften begreifen. In der heutigen Gesellschaft findet man Priester, Krieger und Bauern unter anderen Verkleidungen wieder. Nicht allein
der Pfarrer ist Priester. Und nicht allein Soldaten, sondern auch Militäringenieure und Ingenieure der hochent-
wickelten Technologien sind Krieger. Auch der Bauer ist
Proletarier, aber Proletarier ist auch der Lehrer, aufgrund der Dequalifizierung im Bildungswesen etc.

*Wie Duby spricht auch Dumezil von Kasten. Gibt es noch
eine Militärkaste? Läßt sich das Militär heute als mythologische Projektion einer Kaste begreifen, wie sie in den
indoeuropäischen Gesellschaften untersucht wurde?*

Es gibt da eine Art Maschine, um Tendenzen freizulegen,
die auch heute noch funktioniert. Damit ist nicht gemeint, daß die mythische Institution einer Kaste (einer
Priester- oder Kriegerkaste) auch heute noch Sinn hätte. Natürlich ist sie nurmehr verschwommen vorhanden,
und deshalb spreche ich von einer Militär*klasse*. Durch
den Begriff der Kaste aber haben wir mehr über die indoeuropäische, oder einfacher gesagt: die abendländi-
sche Gesellschaft erfahren als durch soziologische Ana-
lysen. Mit der Soziologie kann man wirklich nicht viel an-

fangen; zudem scheint sie mir ohne Grundlagen zu sein. Allerdings könnte man die Mythen der indoeuropäischen Dreiteilung mit den Mythen der zeitgenössischen Soziologie verknüpfen. Ich denke dabei an Roland Barthes: Soziologie als Mythologie.

Nach Barthes liegt die Funktion des Mythos darin, die Welt zum Stillstand zu bringen. Du machst genau das Gegenteil. Du benutzt die Mythologie, um die laufenden Veränderungen zu erfassen und das Denken in Bewegung zu setzen. Wir waren dabei stehengeblieben, daß die Entstehung einer Kriegswirtschaft die Unterscheidung von Zivilem und Militärischem auflöst. Zeichnet sich diese Tendenz nach dem Ersten Weltkrieg stärker ab?

Im Rahmen des Zweiten Weltkriegs wird die Kriegswirtschaft langfristig und sehr bedachtsam vorbereitet, besonders in England. England wird übrigens das Modell für die Kriegsproduktion eines Albert Speer abgeben. Er hat sich deutlich von England leiten lassen, und zwar besonders bei der Luftwaffe, d.h. den Spitzenwaffen. England konnte gewinnen, abgesehen von seiner traditionellen Seemacht, weil es die Kapazität besaß, eine äusserst perfektionierte Luftwaffe zu entwickeln, und dies sehr kurzfristig. Dazu stieß dann Amerika mit Eisenhower, der schließlich ein Experte der Kriegswirtschaft war und den Krieg vorzubereiten wußte. Daraus entstand dann eine absolut einzigartige und außergewöhnliche Maschine, die in der Tat zu einem Staat im Staate werden konnte.

Dieser Staat im Staate ist nicht so national wie er erscheint. Eigentlich hat er mehr mit den logistischen Maschinen der anderen Nationen zu tun als mit der eigenen zivilen Gesellschaft. Sieht man nicht schon hier, wie das um sich greift, was du ein a-nationales Militärmodell nennst?

Auf jeden Fall. Eisenhower ist meiner Meinung nach der erste, für den sich die Grenzen zwischen den Staaten gewissermaßen verwischen. Seine Streitigkeiten mit Montgomery sind bekannt. Ein Traditionalist wie Montgomery merkt sehr wohl, daß seine Rolle als Kommißhengst, die Rolle des alten Haudegen und Militaristen bald überholt sein wird. Überholt von der logistischen Tendenz und der Produktionsplanung der amerikanischen Wirtschaftsmacht – Wirtschaft im Sinne einer Kriegswirtschaft. Warum gerade Eisenhower? Nicht, weil er ein großer militärischer Führer gewesen wäre, sondern weil er den Diskurs des Krieges beherrschte. Irgendwie konnte er als einziger mit der neuen Auffassung des Krieges umgehen, die die Logistik darstellte.

Was ging dieser Auffassung voraus?

Es gibt drei Stadien der militärischen Intelligenz. Das Stadium der Taktik ist das erste, denn es geht bis auf die Gesellschaften von Jägern zurück. Taktik ist die Kunst der Jagd. Die Strategie taucht mit der Politik auf – Politik im Sinne der *Polis*, der griechischen Stadt, mit einem Feldherrn, Strategen, der die Stadt regiert, mit der Organisierung eines Theaters von Kampfhandlungen und Festungswällen, mit dem ganzen militärisch-politischen System der traditionellen Stadt. Selbstverständlich besteht die Taktik weiterhin, doch die Strategie wird als der Taktik überlegen angesehen. Daraus erklärt sich auch die Entwicklung militärischer Eliten, zumal der berittenen, sowohl der römischen Reiter als auch später des mittelalterlichen Rittertums. Etwa um 1870 taucht eine Kriegswirtschaft auf. Das kann man an den englischen Haushaltsbudgets ablesen, später, mit der Entwicklung der Seeartillerie, der Panzerkreuzer, auch an den französischen. All das gipfelt, wie wir gesehen haben, in der technischen Überraschung im Ersten Weltkrieg. Zuletzt wird man nicht allein auf technischer, sondern auch auf wissenschaftlicher Ebene noch eine ganz andere Überraschung erleben: das Auftauchen der Atombombe. Die Generalstäbe und damit die Staaten stehen plötzlich nicht mehr vor einem Quantitätsproblem, sondern vor einem Qualitätsproblem: es ist die absolute Waffe. Die Logistik gewinnt die Oberhand.

Was genau ist hier unter "Logistik" zu verstehen?

Logistik ist ein Wort, das die Leute nicht verstehen. "Logista" ist ein Ausdruck, der ursprünglich aus Rom stammt; er bezeichnet einen Beamten der Finanzverwaltung, einen Rechnungsbeamten. Henri Jomini, der theoretische Gegner von Clausewitz, hat das Wort später wieder aufgegriffen. Er hat - in seiner Abhandlung über den Krieg - als erster der Logistik ein langes Kapitel gewidmet. Es besteht aus Fragen: Warum reicht die Intelligenz eines Kriegsmannes nicht mehr aus ("Ich stelle meine Bataillone links auf, ich mache einen Durchstoß nach rechts, ich überrasche meinen Gegner am frühen Morgen etc.")? Wieso werden die Mittel plötzlich so wichtig? Jomini kommt anhand der napoleonischen Kriege darauf. Es sind nämlich schon Massenkriege, technische Kriege mit Artillerie und dem zu jener Zeit aufkommenden optischen (Chappe-)Telegraphen. Zwischen einer bereits ziemlich perfekten Artillerie und dem Telegraphen entstehen Beziehungen, die zwar noch primitiv sind, aber schon recht gut das zeigen, was sich später mit den audiovisuellen Medien und schließlich mit den Raketen entwickeln wird. Die Logistik kommt mit den napoleonischen Kriegen auf. Denn sie setzten Millionen Männer in Marsch und warfen damit Verpflegungsprobleme auf. Doch Verpflegung ist nicht alles: Logistik heißt nicht bloß Essen, es heißt Munition und Transport. Wie schon Abel Ferry sagte, geht das Munitionsproblem mit dem Transportproblem Hand in Hand. Die rollenden Laster, die die Munition bringen, und die fliegenden Granaten, die den Tod bringen, sind auf bestimmte Weise aneinandergekoppelt in einem Vektorsystem, in einem Produktions-, Transport- und Exekutionssystem. Die Logistik ergibt ein regelrechtes Organigramm. Um zu verstehen, was jene a-nationale logistische Revolution, die Revolution Eisenhowers, ist, gibt es einen ungemein klaren Satz des Pentagon aus der Zeit nach dem Zweiten Weltkrieg: "Logistik ist das Verfahren, mit dem das Potential einer Nation auf ihre Streitkräfte übertragen wird, in Friedens- wie in Kriegszeiten."

Logistische Revolution meint also kurz gesagt, daß dus Zivile plötzlich von einer Kristallisation zwischen Wissenschaft und Militär verdrängt wird. Kann man unter solchen Bedingungen aber noch angeben, wo das Militärische anfängt und wo es aufhört?

Wenn ich vom Militär spreche, so handelt es sich nicht mehr um eine Militärkaste. Mit dem Siegeszug der Logistik erscheint nämlich eine *Klasse*, etwas, das verschwommener und schwerer zu definieren ist: eine *a-nationale* Militärklasse, a-national insofern, als der Krieg heute ein Atomkrieg oder keiner ist. Wenn man vom konventionellen und vom Atomkrieg oder vom begrenzten und unbegrenzten, totalen Krieg spricht, so spielt man mit Worten. Es ist sonnenklar, daß das Aufkommen der absoluten Waffe die Frage des Kriegs grundlegend verändert hat. Das beweist übrigens die Abschreckung. Man darf sich nicht täuschen: es gibt ein Phänomen Krieg, das an die absolute Waffe gebunden ist, an die Möglichkeit ihres Gebrauchs, also an die logistische Vorbereitung des Kriegs.

Wenn die Militärklasse keine Kaste mehr ist, sondern etwas, das verschwommener, schwerer zu identifizieren und glatter ist, was kann es dann heute noch bedeuten, antimilitaristisch zu sein? Gerade noch hast du zu mir gesagt: ich bin nicht antimilitaristisch, ich bin schlimmer. Versucht aber eine solche Moral des Schlimmsten nicht, das Fehlen der Kaste zu kompensieren und sich an eine Klasse zu klammern, die bereits "unauffindbar" geworden ist? Unterstützt du nicht, indem du das Schlimmste ins Auge faßt, indirekt die Auffassung: irgendwo gibt es noch einen Feind, wenngleich auch untergetaucht und verstreut, ungreifbar und bedrängend, wenngleich verwoben mit der zivilen Gesellschaft und damit auch mit uns (wo beginnt und wo endet die Technik?), einen Feind, gegen den ein gerechter Krieg zu führen sei? Man könnte sich also trotz allem auf der Seite der Gerechten wiederfinden?

Ein Antimilitarist ist ein Rassist. Er geht gegen Personen an. Man ist anti-militaristisch wie man anti-klerikal ist. Man sieht einen Priesterrock und spuckt aus, man sieht eine Uniform und tut dasselbe... Ich finde das lächerlich. Ich bin gegen die militärische Intelligenz, ich bin nicht gegen die Angehörigen des Militärs. Wieso nicht? Weil ich sie kennengelernt habe, es sind Menschen wie andere auch! Es gibt keinen Unterschied zwischen einem militanten Gewerkschaftler und einem armen Unteroffizier oder einem einfachen Soldaten (lassen wir die höheren militärischen Ränge beiseite, immerhin gibt es ja eine Frage der Verantwortlichkeit). Beide werden, ob sie es nun wissen oder nicht, von der Kriegsmaschinerie beherrscht. Mein Widerstand gegen den Krieg richtet sich also gegen das Wesen des Krieges in der Technologie, in der Gesellschaft, in der Philosophie der Technik etc. Mein Widerstand richtet sich nicht gegen Leute. Es fällt mir zum Beispiel nicht schwer, mich mit einem General oder Admiral zu unterhalten, ich verspüre da keinerlei rassistischen Reflex. Wenn sie nun allerdings die Macht ergreifen wollten, so wäre ich der erste, der sich jeglicher Form von Putsch widersetzen würde. Doch sind sie nicht *mehr* für den apokalyptischen Charakter des Krieges verantwortlich als die Zivilisten. Der Beweis dafür ist, daß das Militär als solches verschwindet! Es verschwindet in der Technologie und in der Automatisierung der Kriegsmaschine. Zum Beispiel ist das beim Malwinen bzw. Falklandkrieg sehr deutlich zutagegetreten. Nimm den Kapitän der "Sheffield" und den Piloten der "Super-Etendard". Der Pilot gehorcht der Losung der Exocet-Raketen: "Schieß und vergieß". Drück auf den Knopf und verdrück dich! Du kommst nach Hause und hast nichts gesehen. Aus vierzig bis sechzig Kilometern Entfernung hast du auf dein Ziel gefeuert, der Rest ist dir wurscht, die Rakete macht alles allein. Auf der anderen Seite ist der Kapitän der "Sheffield", der sich sagt: "In diesem Raketenkrieg spielt sich alles in wenigen Sekunden ab, man kann nicht mehr darauf reagieren." Man sieht zwei Soldaten in Uniform, einen argentinischen Piloten und einen Veteranen der Home fleet, die sagen: "Die Raketen gehen von ganz allein los. Wir haben ausgespielt..." Ich bin nicht in der Weise gegen das Militär, wie man gegen den Klerus ist; ich bin gegen eine Kriegsintelligenz, die dem Politischen ausweicht.

Aber umfaßt das Militär uns nicht alle? Sind wir nicht alle mehr oder weniger an seinen Unternehmungen beteiligt?

Wir alle sind bereits Militärs in Zivil, ohne es zu wissen. Und manche wissen es. Die große Chance für den Terrorismus der Militärklasse liegt darin, daß die Leute ihn nicht erkennen. Sie erkennen ihn nicht wieder in jenem Teil ihrer Identität und ihres Bewußtseins, der militarisiert ist.

Was du die Militärklasse im eigentlichen Sinne nennst, sind das allein die Angehörigen des Militärs, oder umfaßt das auch alle, die weiterhin seine Macht verstärken?

Sagen wir mal, daß es alle umfaßt, die auf direkte oder indirekte Weise den reinen Krieg mitorganisieren. Das sind natürlich die Strategen, die an der ideologischen Rechtfertigung des Unannehmbaren arbeiten, die Ingenieure der Aufrüstung. Ebenso die multinationalen Konzerne, die auf ökonomischer Ebene in eine apokalyptische Perspektive investieren – in eine offiziell apokalyptische Perspektive. Wir befinden uns kurz vor 1929. Die Krise kann morgen ausbrechen oder hätte auch gestern ausbrechen können. Ich bezeichne also alle diejenigen als Militärklasse, deren Denken der technologischen Logik folgt.

Also genau das, was diese Techno-Logik gewissermaßen zusammenhält.

Diejenigen, die man "Technokraten" nennt, sind die Militärklasse schlechthin. Es sind die, deren Rationalität nur auf Effizienz abzielt, gleichgültig wozu und mit welchem Horizont. Die apokalyptische Dimension des negativen

Horizonts berührt sie nicht. Das ist nicht ihr Problem. So gesehen sind sie keine Priester. Wenn man mit einem General oder Admiral diskutiert, so ist man verblüfft, über ihr Unwissen angesichts der atomaren Katastrophe, über ihre Unterschätzung einer solchen Katastrophe. Das interessiert sie nicht. Man merkt, daß die Doktrin der Anwendung, d.h. die Logik von Gebrauch und Effizienz vollkommen "ausgelaugt" worden ist, zugunsten einer Doktrin der Produktion: man stellt Werkzeuge her, damit sie als Krieg im Reinzustand vorhanden sind, ohne sich darum zu kümmern was passiert, wenn man sie einsetzt. Das führt dann zum Beispiel zur Verirrung des Malwinen-Kriegs, in dem die britischen Schiffe durch Maschinen versenkt worden sind, die von den Briten selbst oder von Verbündeten (den Franzosen) fertiggestellt wurden. Genau das ist die Militärklasse, diese Form zügelloser Intelligenz, die mittels Technik und Wissenschaft grenzenlos ausufern kann. Zur Kriegsmaschine gehören nicht nur Sprengstoffe, sondern auch Verkehrswege und Transportvektoren. Es handelt sich im wesentlichen um eine entfesselte Geschwindigkeit. Wenn Esso der französichen Eisenbahngesellschaft damit droht, keine Container, kein Material, kein Benzin, Erdöl oder andere Raffinerieprodukte mehr zu liefern, falls nicht das Fahren von 4000 t-Zügen mit durchschnittlich 100km/h Geschwindigkeit zugesichert wird, wenn Esso damit droht, auf Lastwagen umzusteigen – so ist das bereits Krieg. Reiner Krieg, nicht einer, der erklärt wird.

Lange Zeit hat man von der permanenten Revolution geredet. Heute kann man sagen, daß der reine Krieg ein permanenter Krieg ist.

Es ist der Krieg, an dem die Wissenschaften arbeiten: all das, was bereits dabei ist, das Feld des Wissens von grund auf umzuwälzen und das Wissen auf das Ende hin auszurichten.

Antwortest du hier im Sinne von Ivan Illich, d.h. soll man die Technik auf den individuellen Gebrauch einschränken?

Wissenschaft und Technik sind entstanden, weil der Mensch sich Fragen über die Natur stellte. Ausgehend von jenem Wissen, das man dem Rätsel der Natur entrissen hatte, produzierte man dann Technologien. Nunmehr – seit etwa einem Jahrhundert – tendieren Wissenschaft und Technik mit ihrer Entwicklung dahin, die Stelle des Rätsels der Natur einzunehmen.

Die Technik ist unsere neue Natur?

Sie ist unsere neue Natur. Und für *dieses* Rätsel gibt es keine Wissenschaftler und erst recht keine Techniker. Besser ausgedrückt, es gibt keine, *weil man nichts davon wissen will*, weil Wissenschaftler und Gelehrte angeblich die Natur der Technik kennen und ein Fragen danach nicht zulassen. Das Rätsel der Technik erweckt mehr oder zumindest genausoviel Furcht wie das Rätsel der Natur.

Daher nun auch deine Arbeit, die alles in allem eine epistemologische oder besser "epistemotechnische" ist.

3

Technik und Transpolitik

**Heidegger --- Krieg und Technik --- Abschreckung,
Krieg und Frieden --- Das Ende des Politischen ---
--- Staatsterrorismus --- Transpolitik und Dauer ---
Vernichtung im Nu --- Politisierung der Geschwindigkeit**

Epistemotechnisch, das ist ein treffendes Wort. Das Problem der Technik angehen heißt, wie Heidegger sagte, die Frage nach der Technik stellen. Heidegger hat damit begonnen, das muß anerkannt werden, und vielleicht hat er es gerade deshalb getan, weil sich ihm die Frage nach der Technik vermittelt über den Futurismus, d.h. den Faschismus, stellte.

Jedes Fragen nach der Technik wirft sehr leicht Mißverständnisse auf. Auch deine Arbeit macht hier keine Ausnahme. Man hat deine Schriften als Apologie der Technik ausgelegt und deine Warnungen als eine verkappte Faszination angesehen, welche Technik und Krieg unbestreitbar auf dich ausübten. Von vornherein hast du dich auf das Gebiet des Militärs begeben, um es besser zur Rede stellen zu können. Da sich aber bei dir weder eine politische Stellungnahme noch ein Bezug auf traditionelle Ideologien findet, sind nicht wenig Zweideutigkeiten um dich herum entstanden, die zuweilen freilich ganz lustig waren. Bevor ich dich traf, hatte ich sagen hören, daß du ein Hauptmann der französischen Armee gewesen wärst, der mit Waffen und Tornister ins Lager der Philosophie übergelaufen sei!

Es ist den Leuten schon verdächtig, wenn man über den Krieg dazu kommt, sich für die Technik zu interessieren: im allgemeinen wird der Krieg als negative und die Technik als positive Erscheinung aufgefaßt. Wenn man nun behauptet, die positive Erscheinung der Technologie sei allmählich aus den Waffenfabriken und der Kriegsökonomie entstanden, so wird das schon nicht mehr akzeptiert. Also muß man mich als Person ablehnen. Entweder ordnet man mich in eine mystifizierende, mystische Logik ein – als entlaufenen Mönch sozusagen – oder aber in eine militärische Logik – als desertierten Offizier. Man kann die Verhältnisse so, wie ich sie zeige, nicht hinnehmen. Das hat mit dem zu tun, was ich bereits zu Beginn unserer Unterhaltung sagte: wenn die Stadt ihren Ursprung im Krieg hat, heißt das, daß ich als Stadtplaner für den Krieg bin. Wenn ich sage, daß die Technik ihren Ursprung im Krieg hat, so unterstreiche ich damit nur das, was ich von der Stadt gesagt habe. Ich verstärke damit die Vorstellung, daß ich ein Stratege bin, ein Mann der Kriegsmaschine und somit jemand, vor dem man sich hüten muß. Weil man nicht akzeptiert, daß die Stadt ihren Ursprung eben im Krieg und nicht im Handel hat, weil man die Negativität nicht akzeptiert, die in der Technik am Werk ist (die negative Tendenz der Technik), schiebt man diese Negativität auf den, der sie ausspricht, in diesem Falle auf mich. Da ich außerdem keine Karriere auf dem Gebiet der Humanwissenschaften hinter mir habe – – Soziologie des Krieges, Geschichte der Technik –, hat man mir gegenüber Vorbehalte. Man fragt sich: wie kommt er dazu? Und ich antworte: durch mein Leben. Als Kind versetzte mich der Krieg in Schrecken. Wie ich es im Vorwort von *L'Insécurité du territoire* (1976) schreibe, war der Krieg mein Vater und meine Mutter. Das habe ich nicht absichtlich so eingerichtet, man sucht sich seine Eltern nicht aus. Danach habe ich als Wehrpflichtiger den Algerienkrieg mitgemacht. Damit brüste ich mich nicht, es ist tragisch. Doch die beiden Kriege haben mir eine tiefe Einsicht ins Phänomen des Militärs verschafft. Der Krieg war meine Universität.

Und du bist immer "Student" geblieben?

Ja. Denn in Wirklichkeit ist der Zweite Weltkrieg nicht beendet. Zudem ist er rechtlich nicht abgeschlossen. Er ist nicht erloschen. Es gibt keinen Friedenszustand. Er ist nicht beendet, weil er in den totalen Frieden hinein fortgesetzt wurde, d.h. in eine Fortsetzung des Krieges mit anderen Mitteln. Du kennst den Satz von Clausewitz: "Der Krieg ist die Fortsetzung der Politik mit anderen Mitteln." Ich behaupte nun, daß der totale Frieden der Abschreckung die Fortsetzung des Krieges mit anderen Mitteln ist.

Die Nationalstaaten werden allmählich vom "Militärstaat" abgelöst. Damit setzt man dem Politischen auf eine andere Art ein Ende.

Das war schon beim totalen Krieg so. Der totale Krieg hat die Staaten überwunden. Nicht von ungefähr trat Eisenhower während des Krieges als eine Art zwischenstaatlicher Staatschef in Erscheinung. Er leitete dadurch etwas ein, das die multinationalen Konzerne neu organisieren sollten. Da entstand etwas Neues, das zwar noch nicht organisiert, aber schon recht real war.

Was man im klassischen Sinne noch als Krieg bezeichnet, das versperrt allmählich die Sicht auf dieses verschwommene Phänomen, das weder Krieg noch Frieden ist und eine solche Unterscheidung eigentlich überflüssig macht. Es funktioniert durch Abschreckung, doch dabei bleibt es nicht.

Krieg im journalistischen Sinne sind nationale Straftaten, die einen extremen Konflikt bedeuten: z.B. der Sechs-Tage-Krieg, der Krieg zwischen Iran und Irak. Dem entsprechen in früheren Gesellschaften die sogenannten "Tumulte". Man kann nicht einmal mehr von Krieg sprechen, es handelt sich um zwischenstaatliche Straftaten, d.h. um Staatsterrorismus.

Der Krieg liegt nunmehr auf einer anderen Ebene.

Heute ist der Krieg ein Atomkrieg oder er ist kein Krieg. Gewiß gibt es heutzutage mal hier, mal dort mehrere tausend Tote, doch wir befinden uns nicht mehr in der Dimension des wirklichen Krieges. Wir befinden uns in einer anderen Dimension, von der ich sagen würde, daß sie dem "großen Verbrechen" nahekommt. Die Staaten agieren wie terroristische Individuen: seit 1969 hat es, glaube ich, zahlreiche Beispiele dafür gegeben.

Wieso seit 1969?

Weil dieser Zeitpunkt einen entscheidenden Anfang markiert. Da gab es den Angriff der israelischen Fallschirmjäger auf den Flughafen von Beirut. Die Fallschirmjäger zerstörten die Flugzeuge und kehrten zurück. Solche Kriegshandlungen ohne Krieg, die so etwas wie Terroristenakte zwischen Staaten sind, haben seitdem nicht aufgehört. Das geht bis zur Einnahme der Malwinen durch General Galtieri. Das Problem liegt nicht darin zu fragen: "Wem gehören die Malwinen?" Es liegt darin, daß ein Staat die Malwinen gleichsam als Pfand genommen hat und dann fragt: "Und was macht ihr nun?" Eben das ist Staatsterrorismus: Der Beweis dafür ist, daß es während der zweieinhalb Monate, die der Malwinenkrieg dauerte, keine Kriegserklärung gab. Und das Problem bestand darin, etwas zu beenden, das kein Krieg war. Wie kann man den Verbleib von Gefangenen regeln, die keine Kriegsgefangenen sind – denn es gab ja keinen Krieg! Man befindet sich dabei in der gleichen Situation wie die Diplomaten bei der Auslösung von Geiseln, wie die Terroristen gegenüber den Botschaften... Man befindet sich in einer Situation des Staatsterrorismus – im Iran genausogut wie anderswo, des Staatsterrorismus von Khomeini, des Staatsterrorismus von Carter (der übrigens übel fehlschlug, da der Versuch scheiterte, die Geiseln zurückzugewinnen). So etwas sieht man heute allenthalben. Und darin liegt, glaube ich, eine wichtige Dimension – nicht vom Krieg, sondern von seinem Verfall in der Kunst der

Abschreckung. Dadurch daß diese Kunst den politischen Krieg unterbindet, wird nicht das Wiederausbrechen von Konflikten, sondern von *Kriegshandlungen ohne Krieg* geschürt. Und auf die Dauer verderben sie die ganze Welt.

Damit werden die Kriegsmaschinen der Stadtguerilla gleichzeitig auf Staatsmaschinen im eigentlichen Sinne übertragen. Als könnten die Staaten auf den Terrorismus nur noch dadurch reagieren, daß sie selbst Terroristen werden!

Ganz meiner Meinung. So sind die Vorgänge in Entebbe oder Mogadischu Terrorismus. Mit welchem Recht waren die deutschen Spezialtruppen (GSG 9) plötzlich in Mogadischu? Mit welchem Recht war die israelische Luftwaffe plötzlich in Entebbe? Mit welchem Recht in Beirut? Das führt uns sehr weit, und zwar übers politische Terrain hinaus. Bei den Schwierigkeiten, welche die politischen Regime jetzt schon haben, den Terrorismus in Form von Technologien (rotes Telefon, Trägerraketen etc.) auszuhalten, kann man sich erst recht die Schwierigkeiten der internationalen Gemeinschaft vorstellen, den Staatsterrorismus zu verhindern. Es handelt sich dabei immer um dieselbe Logik, eine Logik der reinsten, überfallartigen Überraschung und Rechtlosigkeit (um eine Logik der "Willkür", wie ich sagen würde). Denn Akte wie die von Entebbe, Beirut oder des Generals Galtieri kann jeder beliebige jederzeit begehen. Mit dieser Logik können sich die Russen morgen Beirut holen. Und wenn sie erst einmal die Hand darauf gelegt haben, wie soll man dann reagieren? Wird man Raketen auf die Russen schicken? Wird man sich um Beiruts willen ausrotten lassen? Solche Verhältnisse können überall eintreten. Anfangs war es eine Sache der Palästinenser: sie haben ein Flugzeug mit 200 Personen gekapert. Was macht man nun? Man tötet sie und sich mit? Von dem Zeitpunkt an, wo der Staat aufgrund des individuellen Terrorismus - dem der Roten Brigaden, der Baader-Meinhof-Gruppe oder dem der Palästinenser - stärker geworden ist und so seinen eigenen

Terrorismus entwickelt hat, fragt man sich doch, welche höhere Instanz diese grenzenlose Diaspora von Staatsverbrechen, von Kriegshandlungen ohne Krieg noch verhindern könnte.

Wenn man den Krieg nicht mehr vom Frieden unterscheiden kann, dann verliert die Politik ihre klassische Funktion der Konfliktregulierung. Genau an diesem Punkt kann man dann vom "Transpolitischen" sprechen. Das Politische hatte die Zeit auf seiner Seite – die Zeit, jeden Konflikt unter dem Schutze des Gesetzes auszutragen, in der Kontinuität einer Geschichte, der man Legitimation und Dauer zusprach. Das Transpolitische bezeichnet somit das Ende einer Auffassung vom Politischen, die auf Dialog, Dialektik und Zeit zum Überlegen beruht.

Mit dem Transpolitischen beginnt das Politische zu verschwinden und seine letzte Lebenspäre sich zu verflüchtigen: die Dauer. Demokratie und Diskussion, die Grundlagen des Politischen, brauchen Zeit. Die Dauer gehört zum Wesen des Menschen. Der Mensch schreibt sich in sie ein. Das Transpolitische ist für mich der Anfang vom Ende. Gerade darin unterscheidet sich meine Auffassung radikal von derjenigen Baudrillards: für ihn hat das Transpolitische noch etwas positives. Für mich ist es *total* negativ. Ich kämpfe gegen dieses Verschwinden des Politischen an. Ich sage nicht, daß man zur antiken Demokratie zurückkehren müßte, die Zeit anhalten etc., sondern daß es die Aufgabe gibt, jene epistemotechnische Arbeit zu leisten, von der wir gerade gesprochen haben. Sie müßte das Politische in einer Zeit neubegründen, in der die Technik nicht nur die Materie und den geographischen Raum organisiert (wie es in der demokratischen Gesellschaft der Antike geschah), sondern in der sie die Zeit – und ich würde sagen: die Erschöpfung der Zeit – organisiert.

In diesem Lichte, im Lichte einer Erschöpfung der Zeit, – der Zerstörung im Nu – müßte man dann zum Beispiel auch die Debatte zwischen McNamara und Gromyko über den Erstschlag betrachten.

Dazu gehört auch, daß McNamara und Gromyko hier am gleichen Strang ziehen, was zu den S.T.A.R.T.-Vereinbarungen führen sollte. Schließlich ist McNamara ein "Kriegsheld" gewesen, denn man verdankt ihm Tausende von strategischen Atomraketen – anstelle von Hunderten, die das System der "flexible response" bildeten. Gesetzt, die Frist zu einem Gegenschlag wird bald auf ein Nichts reduziert sein, so wird es im Falle eines Atomkriegs keine politischen Entscheidungen zum Krieg mehr geben. Die Entscheidung wird elektronisch sein.

Es erübrigt sich also, zwischen Gromyko und McNamara seine Wahl zu treffen.

Bestimmt. Man braucht nicht mehr Partei zu ergreifen und sich für ein Lager zu entscheiden. Das Abkommen zwischen McNamara und Gromyko ist nicht mehr auszulegen, sondern nur pauschal zu akzeptieren.

Es ist ein Versuch zu retten, was noch zu retten ist. Zu retten, was noch übrig ist von der Macht des Menschen gegenüber den automatisierten Entscheidungen und der Vernichtung im Nu.

Man muß sich klar machen, daß zwischen dem Schießpulver, das im alten China erfunden wurde, und der Atombombe kein großer Unterschied besteht. Der Unterschied liegt in den Vektoren, in den Trägern der Vernichtung. Heute verfügen wir nämlich über Transportvektoren mit absoluter Geschwindigkeit, über Träger absoluter Vernichtung.

Die Technik diktiert uns ihr Gesetz.

Man muß hinter das Rätsel der Technik kommen und es zutage fördern, wie es die Alten mit dem Rätsel der Natur taten. Beide überlagern sich.

Wenn man das Politische wiederfinden will, muß man einen Weg zur Politisierung der Geschwindigkeit finden.

Die Geschwindigkeit muß politisiert werden, und zwar sowohl die metabolische Geschwindigkeit (die Geschwindigkeit des Lebendigen, der Reflexe) als auch die technologische Geschwindigkeit. Man muß beides politisieren, denn wir sind beides: wir bewegen uns und werden bewegt. Fahren heißt auch gefahren werden. Einen Wagen fahren heißt, mittels seiner technischen Eigenschaften gefahren werden *und* ihn fahren. Es gibt also ein feedback zwischen beiden Geschwindigkeiten: der technologischen des Wagens und der metabolischen des Menschen. Man müßte sich mit dem befassen, was mit dem Fahrzeug und mit der Politisierung des Fahrverhaltens zusammenhängt, doch auch mit dem sozialen Verhalten, dem "Führen" von Krieg und Wirtschaft. Man hält die Geschwindigkeit für nicht wichtig: über Reichtum wird diskutiert – aber über Geschwindigkeit? Oh nein! Die Geschwindigkeit ist jedoch genauso wichtig wie der Reichtum, wenn es um die Grundlagen des Politischen geht. Der Reichtum ist die Kehrseite der Geschwindigkeit und die Geschwindigkeit die Kehrseite des Reichtums. Beide gehören unbedingt zusammen. Man sagt "du bist zu reich", aber zu keinem sagt man: "du bist zu schnell". Die Gewalt, die im Reichtum liegt, hat man begriffen, nicht jedoch die Gewalt der Geschwindigkeit.

4

Technik und Fragmentierung

Geschwindigkeit und Gewalt --- Substanz und Akzidens
--- "Piknolepsie" --- Schlaf,Traum,Tod --- Historisches,
Transpolitisches --- Atomtod und negativer Horizont ---
--- Episoden und Tendenzen: Politik des Schreibens ---
Geschwindigkeit und Politik --- Dromologie

---

*In marxistischer Sicht war allein der Reichtum Motor der
Geschichte. Heute entwickelt der Motor seine Eigendyna-
mik. Die Technologie überholt die Geschichte. Doch was
ist das für eine Gewalt, die nicht mehr geschichtlich
sanktioniert wird?*

Geschwindigkeit ist eine Form von Gewalt. Das deutlich-
ste Beispiel dafür ist meine Faust. Zwar habe ich sie nie
gewogen, aber es werden etwa 400 Gramm sein. Mit dieser Faust kann ich streicheln. Doch wenn ich sie jeman-
dem mit hoher Geschwindigkeit entgegenschleudere, so
kann ich einen Bluterguß hervorrufen. Man sieht, daß
ausschlaggebend ist, wie die Masse sich im Raum verteilt.
Schon Napoleon sagte: "Stärke ist das, was Macht von
Masse unterscheidet". Die Frage *Können wir auf die
Technik verzichten?* läßt sich so nicht mehr stellen. Not-
gedrungen muß man in die Frage der Technik nicht nur
die produzierte Substanz einbeziehen, sondern auch das
mitproduzierte Akzidens, den Unfall oder Zufall. Das Rätsel der Technik, von dem wir vorhin gesprochen haben,
ist auch das Rätsel des Akzidens. Ich möchte das erklären. In der klassischen aristotelischen Philosophie ist
die Substanz notwendig, das Akzidens relativ und zufällig. Nun kehrt sich das aber heute um. Das Akzidens
wird notwendig, die Substanz relativ und zufällig. Jede
Technik produziert, provoziert und programmiert ein

spezifisches Akzidens, einen spezifischen Unfall. Was hat man denn erfunden, als man die Eisenbahn erfunden hat? Einen Gegenstand, mit dem man schnell fahren und vorwärtskommen, einen Fortschritt machen konnte – das wäre eine Sichtweise à la Jules Verne, positivistisch und evolutionistisch. Aber gleichzeitig hat man damit die Eisenbahnkatastrophe erfunden. Mit dem Schiff hat man den Schiffbruch erfunden, mit der Dampfmaschine und mit der Lokomotive die Entgleisung. Mit der Autobahn die Karambolage von 300 Wagen binnen fünf Minuten. Mit dem Fliegen den Absturz. Wenn man mit der Technik weitermachen will (ich denke keineswegs an eine Regression in die Steinzeit), so glaube ich, daß hier und jetzt nach beidem, nach der Substanz *und* ihrem Akzidenz gefragt werden muß. Denn die Substanz ist zugleich das Objekt und sein Akzidenz, sein Unfall. Die negativen Seiten von Technologie und Geschwindigkeit hat man verschwiegen. Die Techniker sind zu Technokraten geworden und von daher bestrebt, ihren Gegenstand zu positivieren und zu sagen: ich verstecke ihn und zeige ihn nicht. Über das *Obszöne* der Technik wäre noch viel zu sagen, man kommt dann wieder auf die Technophilie.

Die Gewalt der Geschwindigkeit hat man verschwiegen? Rührt daher vielleicht die Faszination, die sie ausübt, und die Abneigung, die man ihr gegenüber hegt?

Technisch ausgedrückt, ist Geschwindigkeit eine Form von Energieübertragung, anders gesagt, sie ist ein Akzidens von Übertragungen. Das läßt sich in zwei Worten zusammenfassen: "Bewegungs-Stabilität" und "Bewegungs-Bewegung". Stabilität: ich bewege mich nicht, ich stehe still. Bewegung: ich setze mich in Gang. Ich beschleunige: Bewegungs-Bewegung. Beim Übergang von "Bewegung" zu "Bewegungs-Bewegung" wird Energie übertragen, was man auch "Übertragungsakzidens" nennt. Sobald man sich mit energetischen Fragen befaßt, stellt sich unmittelbar das Problem der Gewalt. Zur Zeit gibt es eine Diskussion um das Museum für Wissenschaft und Technik in Villette. Ich möchte einen provozierenden Vorschlag machen und verlangen, daß es neben der Ausstellung von Maschinen auch eine Ausstellung von Akzidentien, von Unfällen, gibt. Jede Technik und jede Wissenschaft sollte den ihr spezifischen Unfall auswählen und als Produkt zeigen – und zwar nicht auf moralische Art, zur Vorbeugung (als Sicherheitsmaßnahme), nein, sondern als Produkt, das "epistemotechnisch" zu problematisieren wäre. Am Ende des 19. Jahrhunderts stellte man im Museum Maschinen aus; am Ende des 20. Jahrhunderts sollte man, denke ich, der gestalterischen Dimension des Unfalls in einem neuen Museum den gebührenden Platz einräumen. Es müßten darin (wie genau, weiß ich noch nicht) Zugentgleisungen, Luftverschmutzung, der Einsturz von Gebäuden etc. gezeigt werden. Ich glaube, daß der Unfall für die menschliche Wissenschaft das ist, was die Sünde für die menschliche Natur war. Er stellt ein bestimmtes Verhältnis zum Tod dar, d.h. er enthüllt die Identität des Objekts.

Also ist nicht alles an der Geschwindigkeitstechnologie negativ. Wir können von der Geschwindigkeit auch etwas über die Natur unseres Körpers und die Arbeitsweise unseres Bewußtseins lernen. Wir können etwas lernen von jenem Akzidenz, dem Unfall, und von jener Unterbrechung, dem (Aus-)Fall.

Genau. Das schreibe ich auch in *Esthetique de la disparition (Ästhetik des Verschwindens)*[7]. Der Hauptgedanke dieses Buches liegt in der politischen und sozialen Funktion des Innehaltens, des Aussetzens. Die Psychoanalyse hat zwar viel über die Unterbrechung herausgefunden, die der Schlaf, der Traum darstellt, aber ich setze kein besonderes Vertrauen in sie. Eigentlich interessieren mich alle Unterbrechungen, von der kürzesten bis zur längsten, d.h. dem Tod. Der Tod unterbricht das Wissen, wie alle Unterbrechungen. Und gerade weil das Wissen unterbrochen wird, bildet sich eine eigene Zeit heraus. Beim Rhythmus des Alternierens zwischen bewußt und unbewußt handelt es sich um Piknolepsie, um winzige Absencen, um eine piknoleptische Unterbrechung (von griechisch *piknos*, häufig). Dadurch können wir in einer Dauer existieren, die *unsere* ist und derer wir uns bewußt sind. Alle Unterbrechungen strukturieren dieses Bewußtsein und idealisieren es.

Genau genommen ist diese Auffassung des Todes als Akzidens, als Unfall und Unterbrechung des Wissens noch nicht sehr alt. Sie entsteht dadurch, daß sich ein Wissen über den Menschen formiert. Je stärker man den Menschen in unserer Kultur individualisiert hat, desto eher hat man auch aus seinem Tod einen großen Bruch gemacht, ja sogar eine unüberwindliche Unterbrechung.

Die Epilepsie ist der kleine Tod und die Piknolepsie der ganz kleine. Lebendiges und Bewußtes, Hier und Jetzt gibt es nur, weil es unendlich viele kleine Tode, kleine Unfälle, kleine Risse gibt und, wie William Burroughs sagen würde: kleine *cut-ups* der Tonspur – der Ton- und Bildspur der Erfahrung. Und wenn man Gesellschaft, Stadt und Politik analysieren will, so ist das, glaube ich, sehr aufschlußreich. Unser Sehen ist stets eine Montage, eine Montage von Zeitlichkeiten. Zeit wird nicht allein durch Macht, sondern auch durch Technologien organisiert. Bei der Unterbrechung ist klar, daß sie sich eher zeitlich als räumlich abspielt. Nicht zufällig hat das religiöse Denken alle möglichen Verbote und Feste eingerichtet – den Sabbat usw.... Man regulierte die Zeit und war sich darüber klar, daß man öfters aussetzen muß, wenn man eine religiöse Politik machen will. Wieso? Weil die religiöse Politik sich im Angesicht des Todes bestimmt, im Angesicht der großen Unterbrechung, der großen "Versuchung", wie es in der Schrift heißt ("Apokalypse"). Das ist etwas Positives, denn damit erhält die Technik einen neuen Status. Die Technik *gibt* uns deshalb auch nicht *mehr*; sie *unterbricht* uns bloß *anders*. Beim Autofahren angehalten werden ist etwas anderes als zu Fuß "angehalten" werden. Auf einen Fahrkörper steigen, heißt auch, die Geschwindigkeit anders steigern oder verringern zu können. Eine Unterbrechung bedeutet, die Geschwindigkeit zu verändern, Der Streik z.B. – ich denke dabei an den Generalstreik – war eine wunderbare Erfindung, wunderbarer noch als Barrikaden und Bauernaufstände, denn er erstreckte sich auf eine gesamte Zeitdauer. Damit wurde nicht so sehr ein Raum unterbrochen (wie mit Barrikaden) als vielmehr eine Dauer. Der Streik war eine Barrikade in der Zeit.

Kurz gesagt, eine solche Ästhetik der Unterbrechung, die unser heutiges Bewußtsein strukturiert, ist eine Kinematik. Denn paradoxerweise bezieht der Film, diese Kunst des Kontinuierlichen, seine gesamte Energie aus der Unterbrechung.

Im Film können wir sehen, wie unser Bewußtsein funktioniert. Unser Bewußtsein ist ein Montageeffekt. Es gibt kein kontinuierliches Bewußtsein, nur ein zusammengesetztes. Und die Zusammensetzungen können freiwillig oder unfreiwillig sein: ich entschließe mich z.B. zur Mittagsruhe; oder ich gehöre einem System an, das mich verpflichtet, am Samstag oder am Sonntag oder am Ramadan die Arbeit niederzulegen. Hierbei handelt es sich um bewußte Unterbrechungen, die willentlich sind. Und dann gibt es auch noch unbewußte Unterbrechungen wie den Schlaf oder die Piknolepsie. Auch wenn ich es nicht will, falle ich in Schlaf. Es ist eine Collage. Es gibt nur Collagen, nur Schnitte. Damit wird recht gut das verdeutlicht, was Jean-Francois Lyotard das Verschwinden der großen Erzählungen[8] nennt. Man glaubt nicht mehr an die klassenlose Gesellschaft und die soziale Gerechtigkeit. Wir befinden uns schon in der Zeit der Mikro-Erzählungen, der Kunst des Fragments. Nicht von ungefähr ist eines der größten in Frankreich erschienenen Bücher das Buch von Mandelbrot *Les Objets fractals*[9] (über die Geometrie der Fragmentierung). Eine Dimension braucht nicht vollständig, sie kann bruchstückhaft ausgedrückt werden. Natürliche Objekte (die Küste der Bretagne z.B.) werden durch eine einheitliche Dimension unzulässig vereinfacht. Es wird deutlich, daß man von Einheit und Einheitlichkeit (dem Begriff der Einheit einer Kontinuität) übergehen kann zu Begriffen von Fragmentierung und Unordnung. Damit kehrt sich etwas um. Das Fragment findet seine Autonomie wieder, seine Identität als unmittelbare Gegebenheit des Bewußtseins, wie Bergson sagen würde. Geschichte gibt es nur auf der Ebene der grossen Erzählung. Ich meinerseits glaube nur an Collagen. Sie sind transhistorisch.

Du meinst, daß Staatsterrorismus und Staatsverbrechen nur Fragmente des allgemeinen Krieges sind, wie ihn dieses Jahrhundert erlebt hat?

Die große Erzählung vom totalen Krieg ist zerbrochen zugunsten eines fragmentierten Kriegs, der seinen Namen nicht nennt, eines inneren Kriegs, gleichsam *in den Eingeweiden* der Gesellschaft.

Es handelt sich um eine Art Puzzle, das sich nicht mehr zusammensetzen läßt. Der Krieg findet überall statt, doch sind wir nicht mehr imstande, ihn wiederzuerkennen.

Wenn wir einsehen, daß das historisch Reale fragmentiert ist, so dämmert, metaphorisch ausgedrückt, schon der Morgen einer weltumgreifenden Identität, eines Weltbewußtseins und -gewissens. Genausogut, wie man behaupten kann: "Gerade weil es Unterbrechungen gibt, ist die Zeit, die ich erlebe, meine Zeit und bin ich mir dessen bewußt", möchte ich behaupten: "Gerade weil die zwischenstaatlichen Konflikte unendlich fragmentiert sind, bewegt man sich auf den reinen Staat zu", das heißt auf das allgemeine Bewußtsein, daß wir alle gleichermaßen Erdenbürger sind – mit allem, was dies an Furchtbarem und Monströsem voraussetzt.

Parallel zur Fragmentierung der Geschichte in eine Vielzahl von Mikro-Erzählungen sieht man am Horizont eine Art mythologisches Epos auftauchen, das Epos des Atomtods, eine globale Vision des Planeten, die sich auf den Zusammenbruch unserer Zivilisation gründet.

Das ist die große Unterbrechung. Auf den individuellen Tod gründet sich das gesamte religiöse, mystische und magische Denken. Nachdem man sich erst einmal den Tod von Stämmen und Gruppen eingestanden hatte, stellte man sich vor, daß auch Zivilisationen sterben können. Im Nuklearen muß nun auch die Gattung ihren Tod erkennen. Der Atomtod führt auf die Frage nach Gott zurück. Und zwar nicht nur auf individueller Ebene oder auf der Ebene einer auserwählten Rasse, sondern auf der Ebene der Gattung. Er interpretiert die Rolle des Menschen neu.

Und doch trägt er dazu bei, die Menschheit wieder zu vereinen.

Ihre einzige Einheit ist der negative Horizont.

Das Ende der Zeiten oder das Ende der Zeit, wenn die Menschheit ihren letzten Auftritt hat.

Es bringt mehr, die Unterbrechung vor allem auf der chronopolitischen anstatt auf der geopolitischen Ebene anzusetzen. Unterbrechungen im Raum bestanden in Schutzwällen, Reglementierungen und Keuschheitsgürteln. Nun aber wird eine solche körperliche Unterbrechung durch eine zeitliche Unterbrechung ersetzt. Man schaltet sich ein in die intime Lebensdauer eines jeden. Das sind dann die sogenannten subliminalen Effekte, unterschwellige Wahrnehmungsphänomene.

Das ist zugleich der Tod der Intimität. Die ganze Diskussion der letzten Jahre über ein Modell zersplitterter und "schizophrener" Subjektivität entspricht letztendlich einer großen Ästhetik der Collage. Das Ich ist nicht kontinuierlich, sondern besteht aus einer Reihe kleiner Tode und Partialidentitäten, die sich nicht oder nur um den Preis von Angst und Verdrängung wieder zusammenkleben lassen.

Von dem Moment an jedoch, wo man sagt, das Wesentliche sei es, den Tod zu betrachten und nach den Unterbrechungen zu fragen, geht man weit darüber hinaus. Die Schizophrenie scheitert an der Frage des Todes – in dem Sinne, den der Materialismus ihm beilegt: das Verschwinden ist das Ende, es bleibt nichts mehr. Dagegen stellt doch der Tod – wie die Piknolepsie und der Schlaf – eine rätselhafte Unterbrechung dar. Zu sagen, daß es nach dem Tod nichts mehr gibt, ist irreführend. Darin liegt meiner Meinung nach ein Idealismus. Wenn man die Unterbrechung voll anerkennen will, muß man darin auch den Tod einschließen. Natürlich sind wir nie daraus erwacht, aber aus der Piknolepsie wacht man auch nicht auf, denn man ist sich nicht einmal bewußt, daß es sie gibt.

Auch beim Schreiben arbeitet man mit Unterbrechungen. So schrieb Nietzsche Aphorismen, die Unterbrechungen des Denkens darstellen. An deinem eigenen Vorgehen ist mir nicht so sehr die explikative als vielmehr die suggestive Seite aufgefallen.

Ich halte nichts von Explikationen. Ich vertraue auf die Suggestion und die Evidenz des Impliziten. Als Stadtplaner und Architekt bin ich zu sehr daran gewöhnt, deutliche Systeme und gut funktionierende Maschinen zu konstruieren. Ich glaube nicht, daß es Aufgabe des Schreibens ist, das gleiche zu tun. Ich mag die Literatur nicht, die so einfach zu verstehen ist wie das kleine Einmaleins. Deshalb schätze ich letztendlich Michel Foucault, ohne ihn zu mögen.

Wenn alles gesagt ist, bleibt nichts mehr übrig. Deine Vorgehensweise ist dagegen entschieden teleskopisch, sie läßt verschiedene Perspektiven und Blickwinkel zusammenstoßen. Sobald du eine Sache aufgegriffen hast, läßt du sie auch schon wieder fallen und springst über zur nächsten, anstatt die Position vollständig auszuarbeiten, die du anfangs eingenommen hast. Es handelt sich um eine regelrechte Politik des Schreibens, nicht um den organisierten Diskurs des Krieges und noch we-

niger um einen Diskurs über den Krieg, sondern um einen Diskurs im Kriegszustand, um ein Schreiben im Ausnahmezustand.

Ich arbeite stufenartig, einige haben es bemerkt. Ich fange mit einem Satz an, formuliere einen Gedanken, und wenn er meiner Meinung nach anschaulich genug ist, springe ich mittendrin zu einem anderen, ohne mich groß um die Ausführung zu kümmern. Ausführungen sind Episoden, während ich die Tendenz zu treffen suche. Tendenz bedeutet Ebenenwechsel.

Auf dem Gebiet des theoretischen Schreibens ist dies ziemlich neu.

Ja, unbedingt. Mit der *Ästhetik des Verschwindens* ist mir aufgegangen, daß Unterbrechungen, Unfälle und Dinge, die man abbricht, wichtig und *produktiv* sind. Das unterscheidet sich völlig von dem, was Gilles Deleuze in *Mille Plateaux*[10] macht. Sein Vorgehen arbeitet mit Verkopplungen, während ich mit Brüchen und Absenzen umgehe. Für mich ist sehr wichtig, daß man auch etwas abbrechen kann und sagt: Es reicht! Damit verknüpfe ich Dinge wie den Streik. Das Wesentliche beim Streik ist, daß man die Abwesenheit einsetzt.

Jede Stufe, jeder Schritt bildet einen Haltepunkt für die theoretische Arbeit. Damit das Denken allein weitergehen kann und etwas anderes sich anderswo ereignet.

Damit etwas anderes geschieht und ein Raum sich auftut. Der Anspruch, eine Frage umfassend zu beantworten, ist absurd. Man kann sie nicht ausformulieren und sollte nicht versuchen, sie rundherum abzuhandeln. Es gibt nur Perspektiven, die sich ablösen.

Geschwindigkeit und Politik[11] *ist ein schnelles Buch.*

Es ist ein schnelles Buch, aber gleichsam das Schlüsselbuch. Der Seitenumfang zählt nicht; ich schreibe nie viel.

Darin ist mein Hauptbezugspunkt nicht Clausewitz, sondern Sun Tze. Seine *Kriegskunst*[12] umfaßt 50 Seiten. *Geschwindigkeit und Politik* ist ein kleines, aber wesentliches Buch, denn es fragt zum ersten Mal nach der Geschwindigkeit. Damit führt es in eine völlig neue Welt ein, die noch nie zuvor entdeckt worden ist. Sucht man nach Leuten, deren Denken sich um die Geschwindigkeit gedreht hat, so findet man nicht viele. Da ist natürlich Paul Morand und stellenweise Kerouac, aber das ist Literatur. Für eine politischere Sichtweise der Geschwindigkeit gibt es Marinetti und die italienischen Futuristen; und dann Marshall McLuhan, der einen Schritt in diese Richtung gemacht hat – das ist schon alles. *Geschwindigkeit und Politik* ist nicht so wichtig durch das, was darin gesagt wird, als dadurch, daß es eine Frage aufwirft.

Geschwindigkeit und Politik ist ein theoretisches Akzidens, ein Unfall oder Zufall der Theorie.

Ja, und deshalb dauert es auch nicht lange.

Von vornherein hat mich dabei gerade verführt, daß ein Buch über die Geschwindigkeit schnell ist. Man hat uns allzuoft das Ende des Buches in nicht enden wollenden Büchern proklamiert. Deine Arbeit ufert nicht aus, denn sie transportiert etwas, ist **Fahrzeug**. *So lautet übrigens auch der Titel*[13] *des letzten Kapitels von* L'Insécurité du territoire, *an das* Geschwindigkeit und Politik *als theoretischer Text anknüpft.*

Die letzten Kapitel meiner Bücher sind stets wichtig, denn letztendlich halte ich nichts von vielen Büchern. Man könnte alles in einem riesigen Wörterbuch veröffentlichen, in chronologischer Reihenfolge. In *Fahrzeug* begann ich, gewisse Dinge zu ahnen, und wurde mir darüber klar, daß die Frage nach dem Krieg in der Frage nach der Geschwindigkeit gipfelt, in der Frage, wie Geschwindigkeit organisiert und produziert wird, kurz: in der Frage nach allem, was damit zusammenhängt. Also habe ich nach *L'Insécurité du territoire* einen Text herausgebracht, der zwar weniger ausgeführt, dafür aber theoretisch ergiebiger ist, und das eben ist *Geschwindigkeit und Politik*. Alle meine Bücher gehören zusammen. Jetzt bringe ich ein neues Buch heraus, das viele Aspekte von *Geschwindigkeit und Politik* entfaltet und ergänzt. Es heißt *Stratégie de l'au-delà* und trägt den Untertitel "Dromoskopien". Durch die Dromoskopie kam ich zu *Esthetique de la disparition*, in der auch etwas von meinem Interesse für die Verschwundenen und die Formen des Verschwindens spürbar wird. Das hängt alles miteinander zusammen.

Welchen strategischen Ort nimmt Geschwindigkeit und Politik *in deinem Werk ein?*

Es ist ein Essay, den man als Werkzeug benutzen kann, um sowohl frühere als auch heutige Gesellschaften zu analysieren, und vielleicht sogar die Zukunft. Denn ich konnte damit auch neuere Ereignisse im audio-visuellen Bereich und in der Entwicklung von Automobil und Kino analysieren.

Du hast Geschwindigkeit und Politik *den Untertitel "Ein Essay zur Dromologie" gegeben. Wie würdest du diese neue Wissenschaft, dieses neue Verhältnis zu Wissenschaft und Denken definieren?*

Dromologie kommt von *dromos*, Lauf. Es handelt sich also um die Logik des Laufs. Damit bin ich in jene Welt eingetreten, in der Geschwindigkeit und nicht Reichtum zum Maßstab geworden ist.

5

Geschwindigkeit und Militär

Geschwindigkeit und Reichtum --- Die dromokratische
Revolution --- Die absolute Waffe --- "Steigerung zum
Äußersten" --- Das Ende des Politischen --- Techni-
scher Krieg und heiliger Krieg --- Gewaltlosigkeit

---

*Kommen wir auf einen Gedanken zurück, der für deine Ar-
beit zentral ist, nämlich daß die Geschwindigkeit als
Grundlage des Politischen vom Reichtum verdeckt worden
ist. Ist das nun eine jüngere Erscheinung oder aber eine
ältere, die erst vor kurzem die "kritische" Schwelle überschritten hat?*

Die Geschwindigkeit ist der Aspekt der Politik, der von
Anfang an verkannt worden ist; das ist nicht erst seit
kurzem so, es ist schon sehr lange her, daß der Aspekt
des Reichtums ins Zentrum der Aufmerksamkeit gerückt
wurde. Das war jedoch ein Irrtum, dem ich auf beschei-
dene Weise entgegenzuwirken versuche. Es war ein Feh-
ler zu vergessen, daß der Reichtum ein Aspekt der Geschwindigkeit ist. Im allgemeinen sagt man, Macht sei an
Reichtum gebunden. Meiner Meinung nach ist Macht zunächst an Geschwindigkeit gebunden, der Reichtum
kommt erst in zweiter Linie. Daß Macht auf Mittel ange-
wiesen ist, daß sie sich diese Mittel verschafft, sei es
durch Schatzbildung, durch Ausbeutung oder durch beides zugleich, ist sicher richtig. Dabei vergißt man aber
die dromologische Dimension der Macht: die Kunstgriffe
und Erschleichungsstrategien, über die sie verfügt, wie
Steuern, Abgaben, Eroberungen etc. Jeder Gesellschaft
liegt ein Geschwindigkeitsverhältnis zugrunde. Jede Gesellschaft ist dromokratisch. Nehmen wir zum Beispiel die
Gesellschaft von Athen. An der Spitze stehen die Trierar-

chen, d.h. diejenigen, die sich eine Triere, ein Kriegs-
schiff,chartern können. Dann kommen die Reiter, die
sich ein Pferd - um in dieser Terminologie zu bleiben -
"chartern" können. Schließlich kommen die Hopliten,die
sich mit Schild und Speer als Kampfvektoren für den
Krieg ausrüsten, bewaffnen können. Zum Schluß gibt es
dann noch den freien Mann und den Sklaven. Sie haben
nur die Möglichkeit, sich zu verdingen oder als Energie in der Kriegsmaschine eingesetzt zu werden - an
den Rudern. Wer in diesem System (das genausogut in
Rom existiert, wo die Kavallerie eine wichtigere Rolle
spielt) schnell ist, ist auch mächtig. Und er ist mächtig,
weil er die Möglichkeit hat, Machtmittel zu erwerben,näm-
lich Geld. Die römischen Ritter waren die Bankiers der
römischen Gesellschaft. Denn wer sich am schnellsten
fortbewegt, besitzt de facto die Möglichkeit,Steuern ein-
zutreiben und zu erobern. Und damit profitiert er von
der gesellschaftlichen Ausbeutung.

*Heute ist man an einem Punkt angekommen, wo das mate-
rielle Wachstum unmittelbar vom militärischen Wachstum
abhängt.*

Und zwar ausschließlich davon abhängt. Ich komme auf
alte Sachen zurück, die aber einleuchten. Es gibt zwei
Arten des Umgangs mit Geschwindigkeit und Reichtum.
Bis zum 19. Jahrhundert beruhte die Gesellschaft auf
Bremswirkungen. Die Mittel zur Steigerung der Geschwindigkeit waren sehr schwach.Nehmen wir z.B. das Schiff:
die Segelschiffahrt hat sich von der Antike bis zur Welt
Napoleons kaum entwickelt. Und das Pferd als Transportmittel erst recht nicht. Es gab natürlich auch Brieftau-
ben. Die einzige etwas ausgefeiltere Geschwindigkeit war
die optische Telegraphie, später dann die elektrische.Im
großen und ganzen wird bis zum 19. Jahrhundert Geschwindigkeit nicht eigens hergestellt. Bremswirkungen
lassen sich hingegen durch Festungswälle herstellen,
durch Gesetze, Reglementierungen, Verbote etc. Durch
alle möglichen Hindernis-Systeme kann man bremsen
(nicht von ungefähr staffelt sich die frühere Gesellschaft
mit Hindernissen,sei es auf personaler oder moralischer
48

Ebene, sei es auf der Ebene territorialer Abgrenzungen.
Ob es sich nun um Stadtmauern handelt, um Festsetzungen von Steuern oder um die Festungssysteme der Nationalstaaten – das alles bremst). Und dann kommt auf einmal die große Revolution, man hat sie industrielle Revolution genannt und später von einer Revolution der Transportmittel gesprochen. Ich nenne sie *dromokratische* Revolution. Denn man erfindet nicht nur, wie oft erwähnt, die Möglichkeit, gleiche Gegenstände massenhaft zu produzieren (das ist meiner Meinung nach eine völlig eingeschränkte Sichtweise), sondern vor allem erfindet man ein Mittel, um Geschwindigkeit herzustellen, zunächst mit der Dampfmaschine, dann mit dem Verbrennungsmotor. So wird der Übergang vom Zeitalter der Bremswirkung zum Zeitalter der Beschleunigung möglich. Anders gesagt, die Macht setzt auf Beschleunigung.

Bekanntlich war die Armee zu allen Zeiten der Ort, wo die reine Geschwindigkeit zur Anwendung kam, so in der Kavallerie – die besten Pferde gehörten selbstverständlich der Armee –, so in der Artillerie etc. Die Armee verwendet auch heute noch die höchsten Geschwindigkeiten, bei Raketen wie Flugzeugen. Ein Beispiel dafür ist die Auseinandersetzung, die um das amerikanische Überschallflugzeug entstanden ist. Es ist nicht gebaut worden, denn für die Amerikaner war es ein heißes Eisen. Damit hätte man den Bau eines zivilen Überschallflugzeugs anlaufen lassen, das schneller gewesen wäre als die Militärflugzeuge. Daran kann man deutlich sehen, daß die Hierarchie der Geschwindigkeit der Hierarchie des Reichtums gleichkommt. Sie hängen zusammen. Und das betrifft nicht nur eine mehr oder weniger leistungsstarke Kavallerie oder Kriegsflotte. Das Primat der Geschwindigkeit begründet vielmehr den Beschleunigungszustand, den Ausnahmezustand im Zeitalter der Intensität.

Das Primat der Geschwindigkeit ist also gleichzeitig eines des Militärs.

Unbedingt. Die Macht wird dromokratisch, doch diesmal im Weltmaßstab. Dabei entspricht die Militärklasse in gewissem Sinne der Feudalklasse in der früheren Gesellschaft. Es gibt keine politische Macht mehr, um die mul-

tinationalen Konzerne zu kontrollieren oder die Streitkräfte, deren Autonomie stetig wächst. Es gibt keine
Macht, die ihnen übergeordnet wäre. Entweder wartet
man darauf, daß irgendein Universalstaat kommt, mit irgendeinem Oberhaupt an der Spitze, oder man hat endlich begriffen, daß im Zentrum nicht mehr ein Monarch
von Gottes Gnaden steht, ein absoluter Monarch, sondern
eine *absolute Waffe*. Nicht mehr eine politische Macht hat
das Zentrum inne, sondern die Kapazität absoluter Vernichtung.

Zum einen stirbt der Staat ab, die Geschichte geht zu-
ende; zum anderen herrscht ein Ausnahmezustand, der
dem Augenblick absolute Gesetzeskraft verschafft.

Die Geschichte als ausgedehnte Zeit – Zeit, die andauert,
die eingeteilt und organisiert wird, die sich entfaltet –
verschwindet zugunsten des Augenblicks, so als bestün-
de das Ende der Geschichte im Ende der Dauer. Sie verschwindet zugunsten einer sofortigen und schlagartigen
Allgegenwärtigkeit. Und das ist zugleich das Nukleare.
Die Augenblicklichkeit ist abhängig vom Zentrum, und
das Zentrum ist nuklear. Die absolute Waffe, jene gros-
se wissenschaftliche Überraschung von 1945, steht im
Zentrum der politischen Debatten und löst sie zugleich
auf.

Damit erhält die politische Debatte, wo man über alles
verhandeln kann, eine andere Dimension. Etwas Unredu-
zierbares, Irreversibles dringt in sie ein. Man kann um
das Nukleare herum *verhandeln,* mit *der absoluten Waffe*
kann man nicht verhandeln.

Das schlimmste an der absoluten Waffe, der atomaren Waffe ist, daß es sie gibt und gerade dadurch jede Diskussion über die gesellschaftliche Entwicklung zusammenbricht.

Das schlimmste ist nicht die atomare Explosion, sondern,
wie du es irgendwo genannt hast, der atomare Glaube.
Und trotzdem kann man beobachten, wie mit dem Ende
des klassischen Krieges die lokalen Konflikte sich para-
doxerweise verschärfen. Auf das Ende der Nationalstaa-
50

*ten folgen die verschiedensten Erscheinungen von Kriegs-
hetzerei, von Archaismen und Terrorismen etc. Auf allen Ebenen treten sie wieder in Erscheinung, bis hin zum
Staatsterrorismus, wie im Malwinenkrieg. Handelt es sich
dabei um ein Übergangsphänomen, oder um eine Umkehrung, die mit dem Verschwinden der territorialen Abgrenzungen zusammenhängt?*

Es handelt sich definitiv um eine Umkehrung. Ich glaube,
man bewegt sich auf etwas Universales zu: Stadtuniver-
sum, Universalstadt. Wenn auch heute noch das Abkommen von Jalta gilt und es die beiden Blöcke von Ost und
West gibt, wenn es auch die NATO, die SEATO, den Warschauer Pakt etc. gibt, so ist das alles meiner Ansicht
nach schon überholt durch eine Art Universalstaat, einen Staat im Reinzustand. Er ist Ergebnis des reinen
Kriegs, d.h. der Intensität der Vernichtungsmittel. Damit sind kapitalistische und kommunistische Ideologien
bereits überholt. Das Problem liegt nicht darin, daß es
heute keine Konfrontation mehr gibt, sondern darin, daß
man tatsächlich nicht so sehr einem äußeren Feind ge-
genübersteht, als vielmehr einem inneren Feind: der eigenen Rüstung und der eigenen wissenschaftlichen Macht.
In Wirklichkeit sind sie es, die das Ende herbeiführen.

*Daß eine schlagartige Vernichtung möglich ist, läßt die
Abschreckungsstrategie veralten. Wir treten jetzt in eine
neue Phase ein, die sich charakterisieren ließe als "Steigerung zum Äußersten". Sie führt uns geradezu in die
Apokalypse (die absolute Vernichtung), es sei denn sie
würde schnell neue Jalta-Verhandlungen herbeiführen.
Ist diese Steigerung zum Äußersten etwas Neues?*

"Steigerung zum Äußersten", "auf das Äußerste gerich-
tetes Bestreben" sind Ausdrücke von Clausewitz. Damit
bezeichnet er das Verhältnis, welches für ihn zwischen
Krieg und Politik besteht. Clausewitz ist ein Vertreter
des politischen Kriegs. "Steigerung zum Äußersten" bedeutet die Tendenz des Kriegs, alle Schranken niederzu-
reißen. Ich habe vorhin gesagt, daß der Krieg in seiner
Vorbereitung besteht – Befestigung der Stadt, Aufbau

einer Organisation: Armee, Disziplin, Strategie. Doch diese Vorbereitungs- und Organisationsprozesse haben die Tendenz, sich zu verselbständigen, zu entgleiten. Eine teuflische Tendenz, diese "Steigerung zum Äußersten" – nichts ist mehr kontrollierbar. Dazu gibt es bei Clausewitz eine grundlegende These: Die Politik verhindert den Krieg als "Äußerstes, was seine Spannung in einer einzigen Entladung löst". Gerade weil der Krieg politisch ist, gibt es keine totale Entladung. Wenn der Krieg nicht mehr politisch ist, wird die totale Entladung die totale Vernichtung erreichen.

Die Steigerung zum Äußersten wird Wirklichkeit, denn die Politik verliert allmählich ihre Funktion der Konfliktregulierung. Das Ende des Politischen heißt daher nicht nur, daß die antagonistischen Ideologien sich auflösen, sondern bedeutet auf kurz oder lang den Tod unserer Zivilisation. Damit haben wir einen neuen, wenn man so sagen darf, positiven Aspekt des Todes definiert: der Tod vereint uns wieder, der Atomtod beschert uns auf universaler Ebene eine neue Mythologie. Er fördert einen neuen Humanismus, der sich auf Vernichtung gründet. Es gibt einen zweiten, durch und durch negativen Aspekt: diese Mythologie lastet als unüberwindliche Drohung auf unserer Zivilisation. Sie schafft eine Schreckensherrschaft im Namen eines Todes, der zwar nah ist, aber vielleicht nie eintreten wird. Folglich läuft sie Gefahr, zu demobilisieren. Wenn nichts dem Atomtod wirklich zuvorkommen kann, wird jeder Widerstand zwecklos. Angesichts dieser Bedrohung bricht sogar ein fragmentarisches Leben zusammen.

Das liegt vielleicht daran, daß es für den Atomtod keine anderen Priester gibt als die Militärs. Der Tod ist ja nur deshalb Grundlage der Religion, weil es Vermittler gibt, fast hätte ich gesagt Intellektuelle, welche die Frage des Todes dem einzelnen vermitteln. Sie kommen die Hand halten, wenn man stirbt, machen das Kreuzzeichen über dem Verurteilten, erteilen die Absolution. Für die menschliche Gattung gibt es jedoch keinen Priester. Die einzige Vermittlung geschieht durch das Militär, und das Militär ist offenkundig ein

52

falscher Priester, denn die Frage des Todes interessiert es nicht. Das Militär ist Henker, nicht Priester. Ein neuer Inquisitor. Und da es jedes Denken inquisitorisch kontrolliert, nicht nur in der zivilen Gesellschaft, sondern auch in der Wissenschaft selbst, dringt der Krieg jetzt in die Humanwissenschaften ein.

Es scheint, daß mit General Sharon das Politische entglitten ist und es eine Steigerung zum Äußersten gegeben hat.

Auf jeden Fall. Der Krieg im Libanon ist wirklich eine Steigerung zum Äußersten, die an den heiligen Krieg grenzt. Was mich betrifft, so bin ich ganz und gar gegen den heiligen Krieg, selbst gegen die Ideologie eines "gerechten" Krieges. Denn wenn Israel und der Islam jetzt den heiligen Krieg ausrufen würden, so hätten sie damit den politischen Krieg hinter sich gelassen. Beide können eine Steigerung zum Äußersten akzeptieren, weil sie religiös sind. Sie sind religiös auf eine siegesgewisse Art. Weil sie nicht an den Tod glauben, d. h. das Leben damit für sie nicht zuende ist, können sie sich über das Politische hinwegsetzen. Und ich als Christ tue das Gegenteil. Ich sage nein, denn es bedeutet Greuel und Verwüstung. Man muß zurückstecken: im Namen des Glaubens an ein Jenseits sollte nicht nur der heilige Krieg verboten werden – der zum Äußersten gesteigerte Krieg –, sondern sogar die Berechtigung, die Gerechtigkeit des Krieges zurückgewiesen werden. In dem Moment, wo im Libanon wieder der heilige Krieg einsetzt, wo er sich auf den Iran und den Irak ausdehnt, muß die Theologie eines gerechten Kriegs vom Papst aufgegeben werden. Denn durch die Technologie steigert sich der heilige Krieg heute zum äußersten.

Er bedeutet nicht nur das Ende des Politischen, sondern jeder Ethik.

Bis zum Nuklearen hatte der gerechte Krieg einen Sinn, einen politischen Sinn. Der technische Krieg jedoch entlädt sich schlagartig. Das ist schon das Jenseits. Man ist schon im Jenseits, wenn man unter den Bedingungen des Nuklearen an einen heiligen oder gerechten Krieg glaubt. Damit hat man schon die Apokalypse der totalen Vernichtung. In der Apokalypse offenbart sich dann nicht mehr die Unsterblichkeit der

Seele, sondern es werden alle Körper ausgerottet, alle Arten, die ganze Natur, alles! Heute zieht der heilige Krieg am Horizont unserer Geschichte auf.

Im mittleren Osten hat unsere Geschichte begonnen, und sie läuft Gefahr, dort beendet zu werden. Religiöser Fanatismus und technologischer Absolutismus bilden eine explosive Mischung.

Meiner Meinung nach eröffnet eine Politik, wie sie von Begin und Khomeini – sie sind nicht die einzigen – betrieben wird, den Atomkrieg. Auf diese Art kann er eintreten. Ich würde sogar sagen: auf diese Art wird jemand, der nicht an den Atomkrieg glaubt, ihn – ob zufällig oder nicht – auslösen. Das scheint mir der Wahnsinn in Person: der Krieger des heiligen Kriegs und der Techniker des nuklearen Kriegs.

Kurz gesagt, reiner Krieg und heiliger Krieg sind für dich dasselbe.

Der Krieg des Islam entsprach im Bewußtsein der Leute dem reinen Krieg. Ein absoluter Glaube hat Millionen Menschen dazu bringen können, sich freiwillig für den Tod zu melden, da sie sich ihres ewigen Lebens sicher glaubten. Den heiligen Krieg der Kreuzzüge kann ich nicht beurteilen. Aber jetzt gibt es nicht einmal mehr einen gerechten Krieg.

Läßt sich die Kriegsmaschine noch gegen die Staatsmaschine einsetzen? Ist es möglich, gegen den Staat mit dem Krieg zu kämpfen (insbesondere mit der Stadtguerilla)?

Das glaube ich keinesfalls. Die Nationalstaaten haben schon zuviele Mittel in ihren Händen konzentriert, die Nationalstaaten sind Zellstaaten im Reinzustand, Parzellen eines reinen Staats, der sich zusammenballt. Man kann nicht mit Gewalt gegen etwas vorgehen, das schon Gewalt ist, damit verstärkt man sie nur, steigert sie zum Äußersten, d.h. zur maximalen Macht des Staates. Man braucht sich als Beispiel nur Italien anzusehen. Heutzutage gibt es nur eine einzige Zuflucht, sie liegt in der Gewaltlosigkeit.

6

Abschreckung und Bewegungsfreiheit

Null-Wachstum --- Abschreckung und Dromokratie---
--- Verallgemeinerte Abschreckung --- Nukleare Monar-
chie --- Pol der Trägheit --- Transit-Gesellschaft ---
Die Hauptstadt am Ende der Zeit

*Den Weg der Gewaltlosigkeit haben wir nicht eingeschla-
gen. Im Gegenteil, wir haben es der Gewalt – der nuklearen Drohung – überlassen, für die Sicherung des Frie-
dens zu sorgen.*

Ans Heil – den Frieden – durch die absolute Waffe zu
glauben, ist ohne jeden Zweifel Obskurantismus und Götzendienst. Darin liegt ein Kult aus Wissenschaftsgläubig-
keit und Militarismus, und niemand denkt auch nur daran, ihn anzuzweifeln. Im übrigen wird dadurch der heilige Krieg wieder auf die Tagesordnung gesetzt. Die ver-
gessene Debatte um den heiligen Krieg lebt wieder auf
angesichts eines "reinen" Aufrüstungskrieges, angesichts
jener idealen absoluten Waffe, die fähig sein soll, das
Überleben der Gattung zu gewährleisten etc. Der heilige
Krieg ist das Gegenstück zum reinen Krieg.

*Ans Heil durch die absolute Waffe zu glauben – das nennt
man doch Abschreckung.*

Atomarer Glaube heißt an die Abschreckung glauben;
heißt zu glauben, daß es schon etwas Gutes sei, wenn
die Waffe nicht explodiert. Aber wie ich eben sagte, ist
genau das Gegenteil der Fall. Das Schlimme an der Waffe
ist nicht, daß sie morgen explodiert – daß es 500 Millionen Tote geben könnte –, sondern daß sie schon seit

dreißig Jahren die Gesellschaft zerstört und eine innere Kolonisierung herbeiführt. Das heißt Polizei im Weltmaßstab. Das vorletzte Stadium ist der Minimalstaat, mittlerweile führt die absolute Waffe auf das zu, was ich den "selbstmörderischen Staat" genannt habe.[14]

Führt die Entwicklung der Kriegsökonomie zum Verschwinden der zivilen Gesellschaft?

Offensichtlich bedeutet die Explosion des politischen Kriegs auch, daß die politische Ökonomie vollständig in der Kriegsökonomie verpulvert wird. Die Weiterentwicklung der Technologie ist schon Krieg im Reinzustand. Aus den logistischen Erfordernissen und der Konfrontation der Blöcke ergibt sich die technologische Konfrontation, die Dialektik von Waffe und Abwehrsystem: stets müssen noch stärkere erfunden werden. Die Technologien werden bis zur ökonomischen Erschöpfung weiter vorangetrieben. Die Kriegsmaschinerie führt tendenziell zum Stillstand der gesellschaftlichen Entwicklung. Es läßt sich sagen, daß die ökologischen Erfordernisse eines "Null-Wachstums" sich geradezu mit *öko-logistischen* Erfordernissen decken. Zum einen dürfen die Ressourcen nicht erschöpft, zum anderen darf die zivile Gesellschaft nicht weiterentwickelt werden; denn sonst könnten Militärgesellschaft und Kriegsmittel sich nicht mehr entwickeln. Zur Zeit stellt man sich vor, es könnte zu einem Konflikt zwischen entwickelten und unterentwickelten Ländern kommen, zu einem Nord-Süd-Konflikt. Das Problem besteht jedoch nicht in der Unterentwicklung. Die unterentwickelten Länder sind nicht sich entwickelnde Länder, wir alle sind sich nicht-entwickelnde Länder.

Die Abschreckung ist noch eine Form des Überzeugens. Man appelliert an die Vernunft, um das, was unhaltbar ist, zu rechtfertigen. Doch offenbar zeichnet sich hinter diesem Schutzschild langsam so etwas wie eine Endlösung im Weltmaßstab ab.

Die Abschreckung ist das emotive Stadium der dromokratischen Macht. Die Macht hat verschiedene Aspekte. Man kann sie folgendermaßen bezeichnen: die Bewegungs-Macht (oder Beförderung), die Wissens-Macht und schließlich die Erregungs-Macht. Die Wissensmacht ist von Historikern entwickelt worden – wohlgemerkt: von Historikern...

Darunter auch Michel Foucault.

Darunter auch Michel Foucault. Damit es Wissen gibt, muß es in die Wege geleitet, muß es be- und gefördert werden, denn Wissen ist Er-Forschung: es resultiert aus der Durchdringung eines Gebietes oder Territoriums. Es gab die Wissensmacht der Mönche, weil es Eroberungen, weil es Beförderung und Fortbewegung gegeben hat. Es gab die Kreuzzüge, man setzte Armeen und Volksmassen in Bewegung, um das Wissen anderer Zivilisationen zu sammeln etc.

Die dromokratische Macht, das, was du Beförderung (Pro-Motion) nennst, geht sie notwendigerweise der Wissensmacht voraus?

Vor der Wissensmacht gibt es immer Bewegungs- oder Beförderungsmacht, das letzte Stadium ist die Erregungsmacht. Der nuklearen Beförderung – der ballistischen Geschwindigkeit der Missiles oder den Laserstrahlen – entspricht also eine Ideologie: der atomare Glaube, der Glaube an die atomare Abschreckung.

Wir befinden uns daher gar nicht so sehr am Ende der Ideologien als vielmehr am Beginn der Ideologie als Abschreckung.

Die Abschreckung ist die letzte Ideologie.

Aber verliert die Abschreckung nicht langsam ihren logistischen Wert?

Wir sind schon in die zweite Phase der Abschreckung eingetreten. Auf eine allseitige strategische Abschreckung erfolgt nun eine Abschreckung allumfassender Aufrüstung, d.h. in allen Bereichen der Rüstung. Auf eine relative Abschreckung der Mittel innerhalb der nuklearen Strategie folgt jetzt eine allgemeine, eine verallgemeinerte Abschreckung. Die Verallgemeinerung der Abschreckung stellt sich uns als neue Frage am Ende dieses Jahrhunderts. Die jetzige Diskussion über die Entwicklung der konventionellen Rüstung oder über das exponentielle Wachstum der Militärkredite – ob in Amerika, Frankreich oder der Sowjetunion –, diese Diskussion ist nicht nur insofern interessant, als sie sich auf den Stillstand der gesellschaftlichen Entwicklung bezieht. Auf ideologischer Ebene geht damit vor allem die Vorstellung einher, daß die Abschreckung verallgemeinert werden muß. Ich glaube, man hat noch nicht genügend darüber nachgedacht, was es bedeuten könnte, *die Abschreckung zu verallgemeinern*. Im übrigen kann ich die Frage nicht vollständig beantworten, außer damit, daß es auf Selbstmord hinausläuft, auf kulturellen Selbstmord. Soviel ist sicher. Es breitet sich ein Obskurantismus aus, der auf dem besten Wege ist, alle gesellschaftlichen Bereiche zu erfassen.

Vielleicht ist es das Vorspiel zum Verschwinden unserer Zivilisation. Andere Zivilisationen sind plötzlich verschwunden, ohne eine Erklärung zu hinterlassen. Die Abschreckung ist sozusagen die letzte ideologische Deckung einer globalen Vernichtung.

Das hieße, noch an die Geschichte zu glauben, an die Vorstellung, es würde ein Nachher geben und sich etwas in die Zukunft erstrecken, so wie sich etwas in die vergangenheit erstreckt hat. Ich glaube jedoch, die Existenz der Nuklearwaffe ist abschreckend in dem Sinne, daß wir alle verschwinden könnten. Eine Milliarde Tote auf der Erde, das wäre nicht unerheblich, aber das würde nichts nützen, denn sie existiert dann immer noch, sie ist einfach da, die nukleare Waffe. Sie existiert sogar im know how von Studenten, die in der Lage sind, eine Atombombe in der Küche zu basteln, oder zumindest beinahe. Man braucht dazu nur Plutonium. Das bloße Vorhandensein ist schon ein Drama. Wie soll man es anstellen, damit die absolute Waffe stirbt? Das gleiche könnte man von dem sagen, was 1789 geschehen ist. Wie soll man es anstellen, einen Monarchen zu stürzen, nach einer Revolution, in der die Monarchie gestürzt worden ist? Der tote Monarch kehrt als Bonaparte wieder. Diese Revolution war also weniger eine bürgerliche, als vielmehr eine bürgerlich-militärische. Sie hat das Empire herbeigeführt. Auf diesem Weg hat sich der militärisch-industrielle Komplex durchsetzen können. Heute wäre die Frage: wie kann man die nukleare Monarchie stürzen, d.h. die Präsenz einer Waffe von Gottes Gnaden mitten in unserer Gesellschaft, in unseren Gesellschaften? Das ist wirklich die Frage.

Wie können wir sie denn loswerden?

Darauf kann ich bloß antworten, daß die Frage der Geschwindigkeit zentral ist. Übrigens habe ich das nicht als erster gesagt. General Fuller, ein Engländer, ein grosser Militärhistoriker, hat gesagt, das Wesentliche im Zeitalter der Nuklearwaffe sei die Geschwindigkeit. Ein interessanter Satz, denn auf Anhieb leuchtet er nicht ein. Das Problem liegt nicht im Vernichtungspotential der neuen Waffe – der Waffe von Hiroshima –, sondern in der Geschwindigkeit. Inzwischen muß man einsehen, daß im Zeitalter der Abschreckung etwas tatsächlich nicht "abgeschreckt" worden ist. Die zivile Wirtschaft ist soweit abgeschreckt worden, daß sie tendenziell stagniert. Etwas anderes ist hingegen ständig weiterentwickelt worden, nämlich die Geschwindigkeit. Die Geschwindigkeit der Transportvektoren, der Trägersysteme machte 1961 das rote Telefon zwischen Chruschtschow und Kennedy erforderlich. Sie hat dazu geführt, daß heute die Bedenkzeit für eine Entscheidung fast nur noch einen Augenblick beträgt.

Kurz gesagt, Abschreckung ist noch ein humanistischer Begriff, weil sie Bedenk-Zeit voraussetzt.

Eben, man hat keine Zeit mehr zu überlegen. Gerade das ist die Macht der Geschwindigkeit, das heißt Dromokratie. Die Dromokratie wird nicht mehr von Menschen getragen, sondern von Datenverarbeitungs-Anlagen, automatischen Antwortsystemen etc. Es gibt heute noch eine Vorwarnzeit. 1961 betrug sie annäherungsweise eine halbe Stunde. Für Breschnew und Reagan beträgt die Bedenkzeit einer Antwort oder Reaktion nurmehr ein paar Minuten.

Ein paar Minuten, mehr bleibt nicht übrig vom Menschen.

Mehr bleibt nicht übrig von der Macht des Menschen. Sicher, es kommt darauf an, von wo aus man abfeuert. Die Satelliten-Bombe kann jedoch aus dem Weltraum abgefeuert werden, also direkt über den Vereinigten Staaten, sie ist sofort an Ort und Stelle. Die Atom-U-Boote sind sogar noch gefährlicher, es genügt, wenn sie in der Nähe der amerikanischen oder europäischen Gewässer liegen. Man hat die Vorwarnzeit ausgerechnet: sie beträgt ungefähr eine Viertelstunde für die interkontinentale Ballistik und zwei bis fünf Minuten für die leistungsstärksten U-Boote und die nicht-identifizierten Weltraumobjekte. Ganz davon abgesehen, daß leider seit zehn Jahren 80% der Militärforschung in der Sowjetunion und den Vereinigten Staaten - aber auch in Frankreich (doch weniger als 80%) - in die Laser-Waffe gesteckt worden sind. Die Laser-Waffe bedeutet nun aber Lichtgeschwindigkeit. Tausendstel Sekunden. Das ist gar nichts. Damit ist die Augenblicklichkeit so gut wie erreicht. Das heißt, daß bis zum Ende des Jahrhunderts die absolute Waffe die absolute Geschwindigkeit erreicht haben wird.

Entsprechend wird die Vernichtung so absolut wie die Geschwindigkeit sein. An diesem Punkt wird es keinen Platz mehr für den Menschen geben.

Dann gibt es keine Menschen mehr, es gibt nurmehr Waffen. Hier liegt in Wirklichkeit die Frage der Monarchie, der nuklearen Monarchie.

*Welche Strategien kann man einschlagen, um das exponen-
tielle Wachstum des Vernichtungsvermögens zu bekäm-
pfen?*

Es ist eine sagenhafte ökonomische Forschung betrieben
worden – zum Problem der Produktion, des Reichtums im
allgemeinen (Adam Smith, Marx usw.). Dagegen ist man
in der Ökonomie der Geschwindigkeit zurückgeblieben.
Diese Arbeit muß aber geleistet werden. Heute liegt die
Aufgabe darin, ein Verständnis für die Geschwindigkeit
zu entwickeln, für das, was sich seit einem Vierteljahr-
hundert abgespielt hat.

*Das hieße letztendlich, dem Militär das Verständnis der
Geschwindigkeit zu entziehen, um es für die zivile Gesellschaft zu nutzen.*

Eben. Man sollte versuchen *zu begreifen, miteinzubegreifen,*
wie sich die Geschwindigkeit auf die Zeit und den Zeit–Raum
der Gesellschaften auswirkt. Nehmen wir z.B. die Krise des
Städtebaus in den Vereinigten Staaten und in Europa. Die
heißen Sommer sind nicht mehr einfach die heißen Sommer
der 60er Jahre in den Vereinigten Staaten: die Krise der urbanen Zentren. Mittlerweile ist es auch eine Krise der Indu-
striezentren: Liverpool, die Londoner Außenbezirke, Brix-
ton, die Vorfälle von Lyon etc. Letztes Jahr hat es ähnliche
Krawalle in England gegeben, und alles deutet darauf hin,
daß Erscheinungen dieser Art in den kommenden Jahren
auch in Frankreich auftreten werden. Was bedeutet das nun?
Es hat viele soziologische, ethnologische Untersuchungen
zu diesem Phänomen (zum Getto etc.) gegeben. Ich für
meinen Teil mache eine andere Analyse, nämlich daß wir
uns mitten in der Entstädterung, in der Desurbanisierung befinden.

*Der technologische Wettlauf hat die Stadt zum Verschwin-
den gebracht.*

Durch die Stadt wurde ein politischer Raum abgesteckt,
und somit auch eine bestimmte politische Dauer. Die Ge-

schwindigkeit – die sofortige Allgegenwärtigkeit – liquidiert die Stadt jedoch oder verlagert sie vielmehr, verlagert sie, würde ich sagen, in die Zeit. Man ist zu einer anderen Form von Hauptstadt übergegangen, die einer anderen Form von Bevölkerung entspricht. Man bevölkert nicht mehr den Aufenthalt (die Stadt als großer "Parkplatz" für die Bevölkerung), sondern die *Zeit* der Ortsveränderung. Was man hier bei der Veränderung der Stadtstruktur wahrnehmen kann, äußert sich auch schon auf anderer Ebene: zwischen den einzelnen Stadtteilen, zwischen den Individuen oder beim alltäglichen Telefonterror. Es gibt so etwas wie Zerstörung durch Stauung der Unmittelbarkeit, die mit der Geschwindigkeit zusammenhängt. Die nukleare Gefahr betrifft nicht allein die Vernichtung der Bevölkerung, sondern sie zerstört auch die Zeitlichkeit der Gesellschaft. Diesem Gesichtspunkt sollte man mehr Aufmerksamkeit schenken.

Mir fällt die Zerstörung der Zeitlichkeit besonders auf, weil ich gerade aus Nepal zurückkomme, wo man sich, da es keine Straßen gibt, àusschließlich zu Fuß fortbewegt. Es ist zweifellos das letzte Land auf der Welt, wo man die Entfernungen in Tagesmärschen angibt, die übrigens sehr dehnbar sind. Man braucht jedoch nur einige Flugstunden, um nach Nepal zu gelangen.

Im allgemeinen kann man drei Arten von Entfernungen unterscheiden: die räumliche Entfernung, also den Tagesmarsch, oder sagen wir vereinfacht den Kilometer. Dann gibt es die zeitliche Entfernung, den *Stunden*-Kilometer, und schließlich die Geschwindigkeits-Entfernung, angegeben in "Mach". Die Fortbewegung wird hierbei nicht mehr auf einer metrischen Skala gemessen, sondern im Verhältnis zur Schallgeschwindigkeit. Heute vor dreißig Jahren z.B. brauchte man 24 Stunden von Paris nach New York. Jetzt braucht man dreieinhalb Stunden. Am Ende des Jahrhunderts, mit dem atomgetriebenen Flugzeug, wird man nurmehr eine halbe Stunde brauchen. Trotzdem braucht man immer noch mehr als dreieinhalb Stunden, um nach Bastia (auf Korsika) zu kommen. Die Entfernungen geraten durcheinander. Die zeitlichen Entfernungen ersetzen die räumlichen. Die Chronographie ersetzt die Geographie, der Machmeter der Concorde den Kilometer. Hier spielt sich etwas sehr wichtiges ab.

Wir haben damit begonnen, die Zeit zu bewohnen.

Lange existierte die Stadt dort, wo sie war: Paris in Paris und Rom in Rom. Es bestand eine territoriale und geographische Trägheit, ein Beharrungsvermögen am Ort. Jetzt haben wir ein Beharrungsvermögen, eine Trägheit in der Zeit – einen Trägheitspol, in dem Sinne, daß der Pol als Metapher einen absoluten Ort bezeichnet, eine absolute Trägheit, einen geographisch lokalisierbaren Fixpunkt, aber zugleich auch eine absolute Trägheit in der Bewegung unseres Planeten darstellt. Langsam geraten wir in eine Lage, wo alle Städte am selben Ort sein werden: in der Zeit. Es wird so etwas wie eine – wahrscheinlich nicht sehr friedliche – Koexistenz zwischen Städten geben, die ihre räumliche Entfernung bewahrt haben, aber zeitlich ineinandergeschoben sind, ineinander übergehen. An dem Tag, wo man eine Sekunde oder eine Minute brauchen wird, um auf die andere Hälfte der Erdkugel zu gelangen, was wird da noch von der Stadt übrigbleiben? Was wird da noch von uns übrigbleiben? Eine unterschiedliche Seßhaftigkeit im geographischen Raum wird es weiterhin geben, aber das wirkliche Leben wird in absoluter Trägheit verharren.

Der Mensch wird keinen Ortswechsel mehr brauchen, nirgendwo wird er an seinem Platz sein.

Die Nähe der Welt wird so zunehmen, daß "Auto-Mobilität" nicht mehr erforderlich sein wird. Das beginnt schon jetzt mit den audiovisuellen Geschwindigkeiten bei Telekonferenzen und Fernsehübertragungen von Diskussionen. Wenn die physische Mobilität die Leistungsfähigkeit der elektronischen Mobilität erreicht hat, werden wir der unglaublichen Situation gegenüberstehen, daß die Orte austauschbar sind. Gerade das will man jetzt erreichen.

Eine solche Situation war vor einigen Generationen noch undenkbar. Die Philosophen sagten uns, daß Augenblick und Allgegenwart wesenmäßig undenkbar sind. Ich für meinen Teil bezweifle das, gerade weil ich kein Philosoph bin. Ich gehe von der Technik aus. Die Technik führt die sofortige Allgegenwart herbei, und man kann nun anfangen, sie zu denken. Die Tendenz ist: Nähe als einzige Nahtstelle zwischen allen Körpern, allen Orten, allen Punkten der Welt. Ich treibe diese Tendenz ins Extrem. Das ist nicht Science Fiction, vielmehr ist die Wissenschaft Fiktion. Technologie und Wissenschaft entwickeln das Unbekannte, und nicht das Bekannte. Die Wissenschaft entwickelt das, was ungedacht ist. Das grenzt an Fiktion.

Aber ist die von der Technik entwickelte Fiktion deshalb auch schon nutzbringend? Eröffnet die Allgegenwart der Technik dem Menschen neue Freiräume, oder reduziert sie im Gegenteil radikal seinen Bewegungsspielraum?

Man behauptet immer, die erste Freiheit sei die Bewegungsfreiheit. Ja, doch nicht die Freiheit der Geschwindigkeit. Zu schnell sein heißt seiner selbst total enteignet sein, heißt total entfremdet sein. Es kann eine Diktatur der Bewegung geben.

Technik bedeutet also nicht Fortschritt, sondern Entfremdung?

Seit dem 18. Jahrhundert – seit der Aufklärung, um den bekannten Ausdruck zu verwenden – hat man geglaubt, Vernunft und Technologie würden im Gleichschritt einem Fortschritt zustreben, auf eine "strahlende Zukunft" zu, wie so manch einer sagte. Es verstand sich von selbst, daß man bald eine Lösung finden würde: eine Lösung für Krankheit, Armut und Ungleichheit. Nun gut, die Lösung war nicht die beste; es war die Endlösung. Die Lösung vom Ende der Welt im Nuklearkrieg, im totalen Krieg, in Vernichtung und Völkermord. Deshalb neige ich dazu zu sagen: keine weitere Illusionen über die Technik! Was wir produzieren, kontrollieren wir nicht. Weil wir etwas zu tun verstehen, verstehen wir noch lange nicht, was wir tun. Versuchen wir, bescheidener zu werden und das Rätsel dessen zu verstehen, was wir produzieren. Was die Forscher hervorbringen, die Erfindungen, sind Rätsel, die das Feld des Unbekannten vergrößern. Sie dehnen das Unbekannte aus, wenn man so sagen darf. Hier kehrt sich etwas um. Das ist nicht pessimistisch gemeint, sondern es geht um eine prinzipielle Umkehrung. Man geht nicht mehr von einer positivistischen oder negativistischen Vorstellung aus, sondern von einer *relativistischen*. Das Problem ist folgendes: die Technik ist ein Rätsel, also arbeiten wir am Rätsel und nicht mehr ausschließlich an der Technik.

Worin besteht das Rätsel der Stadt für einen Techniker des Städtebaus? Du sagst, daß die zukünftige Stadt in Geschwindigkeitsvektoren verschwindet. Aber verdankt die geographische Stadt nicht gerade der Geschwindigkeit ihre Existenz?

Die Stadt ist immer eine Geschwindigkeitskiste, ein Getriebe gewesen. Die Organisation der Stadt besteht in ihrer Straßenführung. Und was sind Straßen? Sie sind Gedränge. In Griechenland nennt man die Straße *dromos*, d.h. Rennbahn. Solange es nur geringe Möglichkeiten zur Beschleunigung gab, und solange Festungsmauern eher als Schnellstraßen Ausdruck der Stadt waren, hat man geglaubt, sie organisiere nicht die Geschwindigkeit. Wenn man sich jedoch den griechischen Städtebau ansieht, etwa die Stadt Milet, den kolonialen Städtebau oder den Aufbau des römischen Heerlagers, so sieht man deutlich, daß sie aus gradlinigen Wegen bestehen. Es ist eine Organisation von Geschwindigkeit, um die Bevölkerung so schnell wie möglich zu den Stadttoren, zum Stadtrand zu bringen. Eine Stadt ist nicht einfach bloß ein Ort, wo man wohnt, sie ist vor allem eine Straßenkreuzung.

Die Beschleunigung bringt daher gerade das Wesen der Stadt wieder zum Vorschein, sie verwandelt nämlich einen sozialen Raum in eine Zeitschaltung.

Deshalb kann man sagen, daß heute der Flughafen zur neuen Stadt geworden ist. In Dallas Airport, Fort Worth sind jährlich dreißig Millionen Passagiere vorgesehen. Am Ende des Jahrhunderts werden es hundert Millionen sein. Die Leute sind keine Stadtbewohner mehr, sie sind Transitreisende. Sie umfliegen die Welt. Wenn man weiß, daß jeden Tag mehr als hundert Tausend Personen in der Luft sind, so zeichnet sich darin schon die zukünftige Gesellschaft ab. Nicht mehr eine Gesellschaft von Seßhaften, sondern von Passagieren; nicht mehr eine Nomadengesellschaft, im Sinne eines nomadenhaften Umherziehens, sondern eine Gesellschaft, die im Transportvektor konzentriert ist. Die neue Hauptstadt ist nicht mehr eine Hauptstadt im Raum wie New York, Paris oder Moskau – die an einem bestimmten Ort liegt, am Kreuzungspunkt von Strassen –, sondern eine Stadt am Kreuzungs- und Durchgangspunkt von Zeit, d.h. von Geschwindigkeit. Von nun an ist das vielleicht die Ewige Stadt. Nicht mehr die Hauptstadt einer Region, eines Reichs oder eines Glaubens, wie Rom oder Jerusalem, sondern die Hauptstadt am Ende der Zeit.

Wenn der Flughafen zur neuen Stadt geworden ist und ihre Einwohner zu Transitreisenden, bleibt dann von der Stadt im Raum nichts mehr übrig? Setzt sie sich nicht anderswo fort, in Siedlungsformen, die ebenso extrem und gewalttätig sind wie ihre radikale Abschaffung?

Da die Trägheit der zukünftigen Stadt nicht in Bewegungslosigkeit besteht, sondern in der Diktatur der Bewegung, ist es möglich, daß ziemlich schwere Katastrophen geschehen müssen, bis man zu den anfänglichen Wohnformen zurückfindet. Es sieht so aus, als ob so etwas in Lateinamerika geschieht, wo neben fabelhaften Flughäfen Elendsquartiere aus dem Boden schießen. Sie stellen gewissermaßen eine *Infra*-Urbanisierung dar. An ihnen zeigt sich allerdings, daß die absolute Bewegung nicht allein durch die Energiekrise zusammenbricht, sondern auch durch unsere Unfähigkeit, wirklich eine vektorielle Politik auf die Beine zu stellen – so etwas wie eine demokratische Geschwindigkeit.

*Den Transitbewohnern der Städte im Jenseits stehen im
Diesseits die Hausbesetzer der Altbauquartiere gegenüber. Wenn die Bewegung in absoluter Trägheit zusammenbricht, läßt das nicht wiederum neue Formen der Einschließung ahnen, nicht nur am Rande, sondern auch im
Innern der zukünftigen Stadt?*

Wenn ein Geschäftsmann im Laufe eines Tages mit der
Concorde die Strecke Paris–New York, New York–Paris,
Paris–New York, New York–Paris zurücklegt, so probiert
er die Situation der Trägheit, der Starre in der Bewegung , aus. Eine solche Form,seßhaft zu sein – seßhaft
in der Bewegung –, ist in der Technik angelegt. Nicht
mehr seßhaft in der Bewegungslosigkeit, im Gegenteil:
seßhaft im Augenblick absoluter Geschwindigkeit.

Transport–Seßhaftigkeit.

Das ist es. Die Transport-Seßhaften sind ganz einfach
Reisende, die ein Flugticket in Roissy-en-France nach
Roissy-en-France (oder in Orly nach Orly) nehmen. Sie
kommen schnellstmöglich um die Welt, ohne irgendwo hin-
zukommen; sie machen gerade nur die technisch notwen-
digen Zwischenlandungen, sonst nichts. Eine leere Reise,
eine Reise ohne Bestimmungsort, eine zirkuläre Reise:ei-
ne Reise, welche die Unmittelbarkeit versucht. Seit einigen Jahren erfreut sich diese Reiseform einer gewissen
Beliebtheit. Die Concorde nehmen, nur um einen Moment
oder wenige Stunden später wieder an seinen Ausgangspunkt zurückzukehren – was ist das für ein Vergnügen?
Für mich liegt darin ein Mysterium, ein Rätsel der Ortsveränderung, das mich fasziniert. Ich glaube, es ist eine Art Verlangen nach Trägheit, der Wunsch, im Nu
überall zugleich zu sein, der Wille, die Welt auf einen einzigen, identischen Ort zu reduzieren.

7

Kolonisierung der Zeit

**Technologische Eroberung --- Die leere Rundreise ---
Diktatur der Bewegung --- Imperialer Mythos --- Zeit-
Krieg --- Howard Hughes --- Die Behinderten der Zeit**

---

*Diese Fans der bloßen Ortsveränderung sind die neuen
Forschungsreisenden einer chronographischen Vorstel-
lungswelt – Kolonisten des technologischen Kontinents.*

Genauso, wie es einen kolonialen Einfluß durch die Mittel
zur Fortbewegung im Raum gegeben hat – die *Conquista* -
die kulturelle Kolonisierung und Eroberung, gibt es eine technologische Kolonisierung und Eroberung durch
Transport- und Übertragungsmittel, durch Flugzeug,
Fernsehen etc. Ich glaube, diejenigen, die sich auf eine
solche ziellose Reise begeben, genießen dabei eine Situation von Einmaligkeit und Identität, die aber letztendlich
wertlos ist oder nur den Wert hat, daß ein einzelner sie
besitzt: ich und die Welt sind eins. Das ist der Mythos
von Jules Verne, ein Mythos allerdings, der sich nicht
mehr in Tagen, in 80 Tagen abspielt, und wohl kaum
noch in Stunden, sondern bereits innerhalb von Sekunden. Er spielt sich an einem Tag ab, der nicht mehr zur
vergehenden Zeit gehört, sondern allein zur Geschwindigkeit. Es ist der Tag, an dem wir die andere Seite der
Welt live im Fernsehen sehen können.

Das ist Lichtgeschwindigkeit.

Ja. Ich glaube, daß man mit der leeren Rundreise gerade
einen solchen Tag zu erreichen sucht – einen letztlich
falschen Extra-Tag, den falschen Tag der Geschwindig-

keit. Heute können wir ihn mit der Technologie der Concorde und morgen mit noch weit raffinierteren Technologien wirklich machen.

*Der falsche Tag der Geschwindigkeit ist ein Tag, der un-
aufhörlich anbricht.*

Früher mußte man abreisen, um anzukommen. Jetzt kommen die Dinge auf einen zu, ohne daß man abreist. Wor-
auf werden wir noch warten, wenn wir nicht mehr darauf
warten müssen anzukommen? Antwort: wir werden darauf
warten, daß etwas kommt, was bleibt. Das Abreisen ist
zuende, man kommt nur noch an...das klingt paradox,
ist es aber nicht. Genau das umreißen unsere Passagiere der leeren Rundreise schon und probieren es aus,
wenn sie gar nicht schnell genug nirgendwo hinkommen
können. Im Moment reisen sie natürlich noch ab und keh-
ren zurück, aber eigentlich warten sie darauf, anzukommen ohne abzureisen.

*Geschwindigkeit bedeutet nicht Fortschreiten oder Fort-
schritt, sondern Involution, Schrumpfung der Reise: die
ewige Umkehr zum Gleichen – der Wille zur Ohnmacht?*

Geschwindigkeit ermöglicht das Fortschreiten im Raum,
nur hat man dies mit dem Fortschritt in der Zeit, das
heißt in der Geschichte gleichgesetzt. Und damit wird
die Sprache wirklich überstrapaziert. Man weiß wohl,daß
räumlicher Fortschritt nicht automatisch auch zeitlicher
Fortschritt ist. Wenn man schneller von Paris nach New
York gelangen kann, so wird das Hin und Her damit
noch nicht besser. Es wird kürzer. Das Kürzeste ist aber
nicht unbedingt das Beste. Auch hier besteht die trüge-
rische Ideologie, daß – wenn die Welt erst einmal restlos
zusammengeschrumpft ist und wir alles in Reichweite haben – wir grenzenlos glücklich sein werden. Ich glaube,
es verhält sich umgekehrt und ist auch schon bewiesen.
Wir werden dann nämlich unendlich unglücklich sein,
weil wir gerade den Ort der Freiheit verloren haben: die
Räumlichkeit. All unsere Technologien tilgen den Raum

restlos, sie lassen ihn immer weiter zusammenschrumpfen – wie das Chagrinleder. Ein Territorium ohne Zeitlichkeit ist kein Territorium mehr, sondern nur die Illusion davon. Man muß sich *dringend* die politischen Konsequenzen einer solchen Zeit-Raum-Verwaltung klarmachen, denn sie sind *fürchterlich*. Mit der Geschwindigkeit schrumpft das Gebiet der Freiheit, und Freiheit braucht ein Gebiet. An dem Tage, an dem es kein Gebiet mehr gibt, wird unser Leben einem Terminal gleichen, einer Maschine mit Zugängen, die sich öffnen und schließen, einem Laboratorium, einem Labyrinth für Versuchskaninchen. Wenn man darauf abzielt, das Territorium – die *Zeit-Räume* – zu verwalten, das heißt es strikt zu regulieren, anstatt es chronopolitisch zu verstehen, so wird es nurmehr absolute Kontrolle geben, so prompt und unmittelbar, daß sie die Menschen in schlimmster Weise zusammenballt.

Hat man eine ähnliche Umkehrung in der Vergangenheit nicht schon bei der Eroberung von Territorien beobachten können?

Jede Offensive erschöpft sich durch ihren eigenen Erfolg, wie Fuller schreibt. Das hat man beim Vormarsch der deutschen Wehrmacht in die Länder des Ostens gesehen. Gerade durch die Priorität der Logistik, die die Versorgungsnetze maximal ausdehnte, lief sich die Offensive schließlich tot. Meiner Meinung nach geschieht nun beim exponientiellen Wachstum der (Transport-)Vektoren etwas ähnliches. Die grenzenlose Beschleunigung der auto-mobilen Transportmittel – Flugwesen, Raketen etc., die absolute Beschleunigung im Schienenverkehr, die Magnetbahn, das Flugzeug mit Atomantrieb, die Raumfähre – all das zehrt die Totaloffensive *völlig* aus.

Was verstehst du genau unter "Totaloffensive"?

Totaloffensive ist eine absolute Bewegung, die weder politisch kontrolliert noch durchdacht ist, sondern allein der Technologie entspringt. Mit der Technologie wird die Geschwindigkeit grenzenlos beschleunigt, und diese

Beschleunigung führt insofern zur totalen Erschöpfung, als nicht mehr Überlegungen entscheiden, sondern allein der technische Fortschritt. Darin liegt keine Philosophie der Bewegung. Man geht von der Bewegungsfreiheit zur Bewegungstyrannei über.

Der freie Verkehr von Gütern und Personen, das "lais-sez faire, laissez passer", das den Raum der Freiheiten bestimmte – auch wenn es sich dabei um liberale, um bürgerliche Freiheiten handelte, also um Freiheiten, die so frei nicht waren –, soll sich all das ins Gegenteil verkehren, sobald es erst einmal zum Äußersten getrieben ist? Werden wir gerade in dem Moment zum Nomadentum verurteilt, wo wir glaubten, die Bewegung zum Hebel der Subversion machen zu können?

Man hat geglaubt, Freiheit der Bewegung würde zu einer grenzenlosen Freiheit führen. Ich zeige, daß das nicht stimmt: ist eine gewisse Schwelle überschritten, so gibt es eine Diktatur der Bewegung – die Offensive, die sich totläuft, sich erschöpft.

Damit schlägt sie um und fällt in sich zusammen.

Die Erschöpfung mündet in absolute Trägheit. Da wir uns in einem begrenzten Umfeld befinden, ist die absolute Bewegung der Erschöpfung immer sehr nahe. Absolute Trägheit meint, daß sehr bald – wenn nicht in Jahren, so in Jahrzehnten, doch gewiß schon eher – die Welt dermaßen zusammengeschrumpft sein wird, daß wir gleichsam *in der Zeit* übereinandergeschichtet sind. Im Raum werden wir immer noch beträchtlich voneinander entfernt sein, aber durch die audio-visuellen und automobilen Verbindungen werden wir an einen Trägheitspol verbannt und dermaßen zusammengepreßt sein, daß die Welt auf ein Nichts reduziert wird. Bei Howard Hughes ist eine solche Situation schon sehr gut zum Ausdruck gekommen. Zusammenbruch der absoluten Bewegung: das ist Bewegungsstarre in einer begrenzten Welt.

Der Planet schrumpft zusammen, aber das Universum dehnt sich aus. Läßt sich von allem abstrahieren, was uns umgibt?

Der Mond und die Sterne gehören zur imperialistischen Vision des Abendlandes: die Welt ist nicht endlich, man hat Amerika erobert, morgen wird man den Mond erobern etc. etc... Das ist absurd. Natürlich wird es Leute geben, die auf den Sternen herumspazieren. Doch die Frage stellt sich für uns hier und heute, in geographischen Grenzen. Wenn wir sie nicht wenigstens jetzt und innerhalb der Weltgrenzen stellen, wird die Erschöpfung noch umfassender sein.

Anders gesagt, der Kosmos ist ein Mythos der Trägheit.

Ein imperialer Mythos! Die letzte Form eines Imperialismus, der glaubt, das Universum erobern zu müssen – nachdem aus der Eroberung der Welt das geworden ist, was man daraus gemacht hat: die maximale Auszehrung der Dritten Welt etc...

Der Weltkrieg würde sich dann auch auf interplanetarische Räume ausdehnen.

Das wäre noch eine Ausdehnung im Sinne des 19. Jahrhunderts, eine Ausdehnung im "Raum". Im 19. Jahrhundert, vor der Relativitätstheorie, rechnete und wirtschaftete man mit der Zeit als Raum. Die vierte Dimension kam erst sehr spät hinzu. Die Expansionspolitik des Westens betreibt eine Ökonomie der Zeit. Dabei wird außer acht gelassen, daß es im geographischen Raum auch Zeit gibt, die nicht geographisch ist, sondern eine Grenze der Bewegung darstellt. Sobald weniger als eine Minute nötig ist, um über einen Atomangriff zu entscheiden, werden wir eine Grenze, die Grenze des automatisierten Kriegs erreicht haben. Die Entscheidung über Krieg oder Frieden wird automatischen Antwortsystemen überlassen. Dabei tauchen Zeitlimits auf, die im 19. Jahrhundert noch nicht berücksichtigt werden konnten. Das imperialisti-

sche Streben, die Sterne zu erobern, läßt völlig außer
acht, daß man zeitlich begrenzt ist, eingeschlossen in
die Zeitdauer, wie man es auch im Raum ist. Der moderne Krieg hat sich bereits vom Raum auf die Zeit verlagert. Er ist bereits ein Zeit-Krieg. Natürlich wird er
noch irgendwo stattfinden, aber an diesem Ort wird die
Zeit bei weitem wichtiger als der Raum sein. Der militärische Raum ist vor allem ein Raum der Technik, ein Zeit-
raum, die kurze Spanne zwischen Angriff und Gegenschlag. Das 19. Jahrhundert hat die Zeit nicht in Betracht gezogen, das 20. muß es wohl oder übel tun. Die
Grenze liegt nicht mehr im Raum. Die Zeit, die uns ge-
währt ist, hat eine *drakonische* Grenze, das sollte man
sich langsam klarmachen. Wir haben nicht die Freiheit,
in der Zeit zu reisen.

*Du führst oft Howard Hughes an. Denkst du, daß er der
erste Bürger und das erste Opfer jener Hauptstadt der
toten Zeit ist?*

Howard Hughes ist eine außergewöhnliche Gestalt. Denn
er war darauf aus, die Welt zu besitzen, und hat eben
dadurch bewiesen, daß man schließlich autistisch wird,
gerade weil man sie gänzlich besitzt. Man hat Howard
Hughes für verrückt gehalten; meiner Meinung nach war
er verrückt auf jene Transport-Seßhaftigkeit. Er hat die
Bewegungsstarre bis zum bitteren Ende durchlebt. Er
hat als erster in den 30er Jahren den leeren Rundflug
unternommen, mit seiner Lockheed Cyclone – wohlgemerkt, nicht mit einem Phantom oder einer Mystère, sondern mit einem *Zyklon*... Er kam zurück und landete an
derselben Stelle in New York. Howard Hughes war der
Lindberg vom Ende der Welt, ein Held der Postmoderne.
Anschließend hat er gewaltig in die Flugzeug- und Film-
industrie investiert. Er hat alles lanciert, was mit Geschwindigkeit zu tun hatte und zur gleichen Zeit auf-
tauchte – Film und Flugzeug. Er hat versucht, jene Allgegenwart zu genießen, überall auf der Welt gleichzeitig
zu sein. Zunächst lebte er so, daß er auf der ganzen
Welt verstreut mehrere Wohnungen besaß, alle gleich ein-

gerichtet. Jeden Tag servierte man ihm dieselben Mahlzeiten, zur gewohnten Stunde brachte man ihm dieselbe Zeitung, unter Berücksichtigung der unterschiedlichen Lokalzeiten. Dann wurde diese Situation traumatisch, und er endete als technologischer Mönch in der Wüste von Las Vegas. Er verließ sein Bett nicht mehr. Die letzten fünfzehn Jahre seines Lebens lebte er eingeschlossen in einem Hotelturm und verbrachte seine Zeit damit, sich immer wieder dieselben Filme anzusehen, vor allem einen alten amerikanischen Film über das Leben von Menschen, die am Nordpol in der Station "Zebra" eingeschlossen sind. 164 Mal hat er ihn sich angesehen. Ich erinnere mich an die Zahl, sie zeigt recht gut, daß die Trägheit für ihn nicht nur etwas Körperliches geworden war (er war ernsthaft bettlägerig), sondern auch etwas Faszinierendes: unaufhörlich sah er sich einen Film an, der eben diese Trägheit in einer Polarstadt darstellte, einer Stadt, in der wissenschaftlich geforscht wurde, in der man stets dieselben Gerichte aß und dieselben Wagen fuhr, jene Chevrolets, die gewöhnlichsten überhaupt. Dieser Mensch hatte die Welt verloren, weil er sie gewonnen hatte.

Wie die Macht rächt sich auch die Geschwindigkeit. Howard Hughes verdankte der Geschwindigkeit nun aber seine Macht. So stellt er ein zweifaches Beispiel dar.

Mehr als die Person Howard Hughes hat mich fasziniert, daß er schon früh etwas verkörpert hat, was später zu einer *Massen-, zu einer Allerweltssituation* geworden ist, nämlich daß man auf immer höhere Geschwindigkeiten aus ist, ohne dabei den vernichtenden Charakter der Maschinen zu bedenken. Howard Hughes bildet eine Metapher für das, was jetzt allmählich in allen gesellschaftlichen Bereichen geschieht. Er hat die Starre und Intensität der Super-Bewegung bis zum bitteren Ende ausgekostet.

Auf dem Höhepunkt der Geschwindigkeit wird der Raum verwüstet. Das Ende der Zeit ist absolute Deterritorialisierung.

Auf jeden Fall. Tendenziell wird jeder Ort vollkommen austauschbar. Und wenn die technologische Entwicklung anhält, wird man in zwei oder drei Generationen so weit sein. Man braucht sich lediglich das Magnetbahn-Projekt der Vereinigten Staaten anzusehen, das Flugzeug mit Atomantrieb, ja sogar nur die täglichen Leistungen der Fernsehanstalten – das ist schon starre Bewegung, Bewegungsstarre. Was sind das für Wesen, die von ihren Elektronikfenstern dermaßen fasziniert sind? Darin liegt eine Art Starre und ein Tod an Ort und Stelle. Etwas Ähnliches verkörperten früher im geographischen Raum die Seßhaften im Unterschied zu den Nomaden der Steppe; mittlerweile geschieht es in der Zeit: Seßhaftigkeit in toter Zeit.

Bewegung lähmt. Bewegung tötet. Mit der Geschwindigkeit stoßen wir in einen paradoxen Raum vor, wo alle Werte sich verkehren.

Bewegung ist nur noch ein Handicap, eine doppelte und wohlbekannte Behinderung: eine *motorische* und *visuelle* Behinderung. Jemand, der in einem Fahrzeug sitzt, das von einem Fahrer bedient wird (bis das Fahrzeug vollständig automatisiert sein wird, was sicher bald eintritt), ist motorisch behindert. Auf seine Art ist er genauso bettlägerig wie Howard Hughes. Wer vor seinem Fernseher hockt und die Direktübertragung der Fußballweltmeisterschaft in Chile sieht, ist visuell behindert, eine behinderter Voyeur. So wie wir jetzt z.B. sitzen, in einem gut gepolsterten Sessel, haben wir eine bequeme Haltung. Unsere Muskeln sind relativ entspannt. Sie werden nicht beansprucht. Es ist eine bequeme Haltung, was den Körper und dessen physiologische Beschaffenheit angeht. Die Prothesen der auto-mobilen und audio-visuellen Bewegung schaffen nun aber eine subliminale Bequemlichkeit, subliminal, das meint unterhalb der Bewußtseinsschwelle. Sie ermöglichen eine Art visuelle – und damit physische – Halluzination, die uns allmählich das Bewußtsein raubt. Wie das "Wir fahren für Sie" der Technologie des Automobils wird irgendwie ein "Wir sehen für Sie" geschaffen. Die Prothese wird auf die natürliche Bewegung aufgepfropft. Sie hilft uns, schneller voranzukommen – mit dem Fahrrad, dem Motorrad, dem Wagen. Dadurch wird das Lebewesen, das metabolische Fahrzeug, das ich als Fußgänger und Passant bin, multipliziert. Die subliminale Bequemlichkeit multipliziert ihrerseits wieder die Geschwindigkeit des Bewußtseins – die Schnelligkeit und Lebhaftigkeit der Reflexion. Eine solche Vervielfachung kann angenehm sein, wenn sie relativ beschleunigt, innerhalb der Grenzen meines Bewußtseins verläuft. Aber diese Grenzen sind sehr eng gesteckt. Wird, um sie zu überschreiten, die Geschwindigkeit benutzt, – wie in gewissen Fällen von Massenbeeinflussung –, so werden wir konditioniert. Das eben versteht man unter subliminalen Werbe- und natürlich auch Propagandatechniken, die auf ganze Bevölkerungen angesetzt werden. Man sieht ein Bild, ohne sich dessen im geringsten bewußt zu sein. Es drängt sich einem auf, ohne daß man es irgendwie festmachen könnte – *denn es geht zu schnell.* Die Prothese wirkt total entfremdend.

8

Film und Widerstand

Die autonome Bewegung in Italien --- Die "freien Radios"
--- Revolutionärer Widerstand --- Die Selbstauflösung
der Avantgarden --- Geschwindigkeit und Sicht --- Die
Ästhetik des Verschwindens --- Die Gesellschaft des
Verschwindens --- Der selbstmörderische Staat

Ich bin von den italienischen Autonomen auf **Geschwindigkeit und Politik** *gebracht worden. Sie waren damals gerade mit dem Problem der Guerilla konfrontiert. Es war
nicht ihr Problem, aber sie konnten es kaum ignorieren,
denn der Kampf der "Terroristen" (der Roten Brigaden)
gegen den Staat führte dazu, daß die Autonomen selber
von der politischen Bildfläche Italiens nach und nach
verschwanden. Im Gegenzug verlegten sie sich auf Wissenschaft und Technik und versuchten so, die politische
Initiative wieder in die Hand zu bekommen. Sie glaubten
also an das Positive der Technik. Vor allem in Bologna
nannten sie das eben nicht militärische, sondern "wis-
senschaftlich-technische Intelligenz".[15] Stört es dich, daß
man dein Denken entstellt und es im italienischen Kon-
text anders verstanden und angewandt hat, sogar gegen
den Strich?*

Das stört mich schon, doch überrascht es mich nicht sehr.
Es stört mich, denn es ist in Frankreich nie der Fall gewesen, in einem Land, wo es keinen Terrorismus im italienischen Stil gegeben hat. Tatsächlich hörte ich davon,
daß die Italiener meine Arbeit in einem für die Technik
positiven Sinn interpretiert hatten. Ich habe deshalb *Défense populaire et luttes écologiques*[16] geschrieben. Darin
habe ich die Vorgehensweise der Roten Brigaden in Fra-

ge gestellt. Ich weiß, daß es verstanden worden ist. Seitdem habe ich auch in der Zeitschrift *Metropoli* Interviews
gegeben, um diesen Interpretationsirrtum richtigzustel-
len.

Du selbst hast nie daran geglaubt, es sei möglich, die
Technik umzufunktionieren, zu entwenden?

Nein. Ich denke dabei an Leute wie Lanfranco Pace und
Franco Piperno, an sehr engagierte Leute also; oder an
Nanni Balestrini, der nach Frankreich geflüchtet ist. Ich
habe ihnen gesagt, die einzig sinnvolle Arbeit sei die *epi-*
stemotechnische. Das Problem besteht nicht darin, die
Technik zu nutzen oder anzuwenden, sondern sich darüber klar zu werden, daß man von ihr benutzt worden
ist. Es ging also nicht darum, technische Instrumente zu
benutzen, egal welche – Fernsehen, "Freie Radios" etc. –,
sondern über das Wesen der Technik in ihrem Verhältnis
zum Politischen zu arbeiten. Und einige von den Autonomen machen das nun.

Taktisch bist du also sogar dagegen, daß man sich die
Technik in der Art der "freien Radios" wieder aneignet?

Ja. Was die "freien Radios" und das übrige angeht, so
denke ich, man hat die Technik benutzt, ohne zu verstehen, was man benutzt hat. Wenn man für ein oder
zwei Millionen Ausrüstungsmaterial für ein "freies Radio"
kauft, so versteht man es zu kaufen, in Gang zu setzen
und zu bedienen, aber man versteht nicht, was man tut,
indem man sendet. Das Resultat sieht man in Frankreich.
Es ist eine unendliche Kakophonie und Übersättigung der
Wellen. Man kann nicht gerade sagen, das sei frei. Auch
da stößt man noch an eine Grenze, die Grenze der Zeit.

Was hältst du von der autonomen Bewegung in Italien? Si-
cher, sie ist durch das Zusammenspiel zweier Kriegsma-
schinen schließlich aufgerieben worden. Aber gibt es da
nicht doch etwas wichtiges, das die Ereignisse überlebt?

Unbedingt, und in vielfacher Hinsicht. Autonom sein wollen hieß ja, sich von kulturellen und politischen Konformismen absetzen wollen. Ich mache auch nichts anderes, meine Arbeit geht in diese Richtung.

Denkst du, die Bewegung der Autonomen war zum Scheitern verurteilt, oder hätte sie unter den spezifischen Bedingungen Italiens Erfolg haben können?

Auch abgesehen von Italien ist das nicht zu verurteilen, was kann man denn anderes tun? Ich glaube nicht an die Revolution, aber an revolutionären Widerstand. Das erfordert, die Distanz, die Abweichung aufrechtzuerhalten, und sie sehr weit, bis hin zur wesentlichen Frage fortzusetzen, zurückzukommen auf unsere Identität als Sterbliche, auf unseren Status als Zeit-Bewohner, eine Frage also, die nicht nur auf Reichtum, Raum und Orte beschränkt bleibt. Diese ganze Arbeit des Bewußtwerdens innerhalb der autonomen Bewegung – ursprünglich war auch Wissenschaft nichts anderes... Wohlgemerkt: Wissenschaft fängt ursprünglich nicht mit Eliten an, sondern – sowohl bei Ernährungsgewohnheiten als auch bei kleinen Agrartechnologien – mit Leuten, die angesichts der Phänomene zu fragen anfangen. Es gab die großen Männer, Euklid etc., aber heute muß jeder einzelne versuchen, das Rätsel der Technik zu interpretieren! Ich glaube nicht, daß die Wissenschaftler die Lösung finden werden. In der Autonomie eines jeden muß – bei Strafe des Todes, denn wir haben keine Zeit mehr – eine solche Neu-Interpretation von Maschinen, Situationen etc. sich vollziehen. In diesem Zusammenhang verstehe ich mich.

Eine Reflexion kann sich auch über soziale Experimente herauskristallisieren. Was mich an der Situation in Italien beeindruckt hat, ist die soziale Chemie, die durch die Verbindung zweier Elemente entstand: einerseits war da die kollektive Organisation, der Hausbesetzer z.B., die sich auf archaische Kommune-Praktiken stützt, andererseits der futuristische drive der "freien Radios" – eine Verbindung von technischer Abstraktion und politi-

sierten Wohnformen. Dieser Aspekt, daß sehr heterogene Faktoren in der italienischen Situation ins Spiel gekommen sind, hat – selbst "in der Hitze des Gefechts" – eine echte "technisch-politische" Reflexion in Gang gesetzt.

Das italienische Experiment hat etwas sehr eigenes und originelles, das übrigens auch nicht verloren gegangen ist. Deshalb hat es kein Scheitern gegeben. Von Scheitern könnte man nur sprechen, wenn man darauf aus gewesen wäre, die Gesellschaft von Grund auf zu ändern, aber man wußte genau, daß es etwas anderes braucht, um die Gesellschaft zu verändern. Etwas anderes als eine kleine Bewegung. Wenn ich von revolutionärem Widerstand spreche, von "Défense Populaire", so beziehe ich mich damit auf eine wesentliche wissenschaftliche Erfindungsgabe, die in der Bevölkerung wurzelt. Ich erinnere mich noch an die Redebeiträge im großen Amphitheater "Richelieu" der Sorbonne, ganz zu Beginn vom Mai 68, bevor das Théâtre de l'Odéon besetzt wurde. Ich komme rein. Es sind unheimlich viele Leute da. Ich höre einen Typen, wahrscheinlich einen Kommunisten, sagen: "Ich habe an den Mauern der Sorbonne gelesen: Die Phantasie ergreift die Macht. Das stimmt nicht, das tut die Arbeiterklasse." Ich habe ihm entgegnet: "Nun, Genosse, dann glaubst du also, die Arbeiterklasse hätte keine Phantasie?" Das war ziemlich klar; der eine bezog sich auf die Masse, die wie eine Soldatenmasse fähig ist, die Macht zu übernehmen, der andere (ich) bezog sich auf die Phantasie, die am Werk ist – wie die Autonomen. So gesehen reagierte ich damals wie sie!

Der Mai 68 war eine Art poetische Metapher, und die autonome Bewegung in Italien der Versuch, sie gewissermaßen buchstäblich auf andere Bedingungen zu übertragen.

Ein Scheitern der italienischen Autonomen gibt es in marxistischer Sicht, wonach das Leben geändert werden müßte. Ich denke jedoch, daß dies nicht in unserem Ermessen liegt, daß wir nicht an dem Punkt sind. Die Autonomen haben Fragen aufgeworfen. Sie haben nicht immer Antworten gefunden, aber auf keinen Fall haben sie eine Antwort gefunden, die das Leben verändern könnte. Nicht das Leben muß man verändern, sondern den Tod, das Verhältnis zur Dauer; dazu gehört auch die kurze Dauer politischer Strömungen. In der von mir bei den Editions Galilée herausgegebenen Reihe habe ich auch das Buch von René Lourau mit gesammelten Manifesten zur *Selbstauflösung der Avantgarden* veröffentlicht[17]. Darin liegt etwas, womit ich ganz und gar einverstanden bin: einzig solche Bewegungen haben existiert, die es fertig brachten, von selbst aufzuhören, Schluß zu machen, bevor sie draufgingen! Wenn die Autonomen sich auflösen, wenn sie den Hut nehmen und sagen: wir haben unser Ding gemacht, wir treten von der Bühne ab, wir konnten weiter nichts machen, so zeigen sie damit, daß sie keine Stalinisten sind, daß sie sich nicht in die Geschichte einschreiben wollen.

Die Diaspora der Autonomie ist immer noch Autonomie. Daß sie sich dafür entschieden haben, sich in der ganzen Welt zu zerstreuen, bedeutet eine neue, weltweite Form politischen Experimentierens. Und statt in ihrer Zerstreuung ein Scheitern zu sehen, sollte man damit anfangen, diese Erfahrungen aufzugreifen.

Unbedingt: Die Frage der Aktion ist für mich immer ein Problem gewesen, denn meine Sichtweise ist trotz allem eine wissenschaftliche. Als ich über die Dromologie weiterarbeitete *(Geschwindigkeit und Politik)*, hatte ich eine Bewußtseinskrise, einen Gewissenskonflikt. Mir ist klar geworden, daß mein Ansatz etwas abgehoben war, irgendwie transhistorisch. So habe ich mir also Gedanken über die Frage des Widerstands gemacht. Ich habe versucht, ein kleines Buch über den reinen Krieg und seine Konsequenzen zu schreiben, das eine Antwort auf das vorhergehende Buch darstellt.

Das hast du mit Défense populaire et luttes écologiques *unternommen.*

Ja. Der zweite Teil, "La Résistance révolutionaire",ist übrigens ein Paradox: für mich gibt es keine Revolution mehr, außer im Widerstand.

Das bedeutet, wieder anzuknüpfen an die Logik der Unterbrechung, der Bremswirkung. Läßt sich gar nichts von der Beschleunigung erwarten?

Damals hat sich ein Unfall, ein Zufall ereignet: ich las einen Satz von Kipling: "Das erste Opfer des Krieges ist die Wahrheit". Das erste Opfer der Geschwindigkeit als Krieg ist die Wahrheit. Plötzlìch habe ich verstanden, daß die Bedeutung der Geschwindigkeit im Phänomen des Kriegs auch ein Phänomen der Sicht der Welt ist, und zwar im engeren Sinn: das Fernsehen ist ein Geschwindigkeitsphänomen, eine Sicht, die aus Geschwindigkeit resultiert. Das hat mich dazu gebracht, mich mehr und mehr für den Film zu interessieren. Im Moment bereite ich für die *Cahiers du cinéma* ein Buch über "Krieg und Film" vor[18]; darin will ich aufzeigen, wie nahe beieinander das Wesen des Kriegs und das Wesen des Films liegen.

Der Film ist die Fortsetzung des Kriegs mit anderen Mitteln.

Nicht zufällig ist die Kamera vorweggenommen worden vom chronophotographischen Gewehr Mareys und vom Maschinen-Gewehr Gatlings, dem Gatling-Gun, das sich selbst wieder vom Trommelrevolver, Colt herleitet. Mit diesen Dingen beginnt der Krieg. Im Moment beschäftigen mich daher eher Phänomene, die mit Geschwindigkeit und Repräsentation zu tun haben: auf welche Weise setzt sich der Krieg - über das Audiovisuelle, die Presse,die Medien - in einer "Erregungs-Macht" fort?

Die Erregungs-Macht, wir haben es weiter oben gesehen, ist der Einfluß, der Anschlag der Geschwindigkeit auf die Sinne, die emotionale Verlängerung der dromologischen "Bewegungs-Macht".

Ich kam von der Bewegungsmacht auf die Erregungsmacht über die Sicht, die man von der Welt hat. Damit ist gemeint, daß es neben der Lichtgeschwindigkeit – die uns bekannt ist, denn sie organisiert die Sicht auf die Welt – ein Licht der Geschwindigkeit gibt.

Das Aufregende an der Geschwindigkeit ist, daß sie einem etwas zu sehen gibt.

In der Relativitätstheorie betrachtet man die Lichtgeschwindigkeit als universelle Gegebenheit, die nicht überschritten werden kann: 300.000 Kilometer pro Sekunde. Mir scheint, daß diese Lichtgeschwindigkeit zugleich auch Licht der Geschwindigkeit ist. Jede Geschwindigkeit wirft auf etwas Licht. Die geringe Geschwindigkeit der Eisenbahn zur Zeit Victor Hugos, die relativ hohe Geschwindigkeit der Concorde oder die sehr hohe Geschwindigkeit der Fernsehübertragung sind elektronisches oder thermodynamisches Licht – thermodynamisches Lich im Falle der Eisenbahn, Licht der Triebstrahlwerke bei der Concorde und elektronisches Licht beim Fernsehen. Befindet man sich in einem "Jet" oder einem Zug, so sieht man die Welt in einem anderen Licht. Das ist keine Frage der Lichtquelle, sondern eine Frage des Bezugs zur Welt, der Welt-Anschauung. Die überflogene Welt ist eine Welt, die von der Geschwindigkeit produziert wird. Sie ist eine Repräsentation, eine Vorstellung. Man findet hier den Pessimismus Schopenhauers wieder, die Welt als Vorstellung, doch nunmehr als Vorstellung der Geschwindigkeit.

Und diese Welt, von der Geschwindigkeit hervorgebracht, ist Film.

Die Welt wird zum Film. Diesen Geschwindigkeitseffekt, diese Auswirkung der Geschwindigkeit auf die Landschaft, habe ich *Dromoskopie* im engeren Sinne genannt. Man spricht von Stroboskopie, das heißt vom stroboskopischen Phänomen, das von einer Energie und einem Verhältnis des Blicks zum Objekt induziert wird. Es besteht

darin, daß eine schnelle Abfolge von separaten Einzelein-
drücken den Schein einer Bewegung erzeugt. Aber diese
Stroboskopie ist auch Dromoskopie. Was im Zugfenster,
in der Windschutzscheibe des Autos oder auf dem Fern-
sehschirm passiert, ist derselbe *Filmeffekt*. Man ist von
der Ästhetik des Erscheinens zur Ästhetik des Verschwindens übergegangen, von beständigen zu unbeständigen
Formen.

*Wie würdest du diesen Übergang, dieses Erscheinen/Ver-
schwinden nun in Begriffen der Ästhetik beschreiben?*

Erscheinen, verschwinden – das ist ein Taschenspielertrick. Genau das spielt sich im Film ab. Die Ästhetik der
Malerei ist im Verhältnis zu der des Films eine Ästhetik
des Erscheinens: man malt und der Entwurf erscheint,
bis er sich festigt und man ihn fixiert. Im Gegensatz dazu sind beim Film die Bilder dadurch präsent, daß sie
in 24 Bildern pro Sekunde vorbeifliegen. Sie sind präsent, weil sie schnell weg sind. Sie ergeben Bewegung,
weil sie, kaum wahrgenommen, schon verschwunden sind.
Weil sie unbeständig sind und einem entgehen, existieren sie. Die Ästhetik des Erscheinens im Gemälde wird zur
Ästhetik des Verschwindens in Foto-Video-Kinemato-Holo-
graphie.

*Sterben ist nicht alles, sagt Baudrillard, man muß auch
noch verschwinden... Ist das Verschwinden der einzelnen Bilder nicht trotzdem darauf angelegt, wieder etwas zum Erscheinen zu bringen, oder gibt es eine Schwelle, jenseits derer die Bilder selbst sich auflösen?*

Natürlich ist ein Verschwinden im Geschwindigkeitsexzeß
möglich. Es verschwinden die Besonderheiten der Welt
und das Bewußtsein von ihnen. Denn eine zu stark beschleunigte Geschwindigkeit nimmt uns das Bewußtsein.

Das ist der Subliminaleffekt.

Über 25 Bilder in der Sekunde hinaus – wenn man zu

500 Bildern oder zu einer Million Bilder pro Sekunde übergeht (und es gibt schon Apparate, die das möglich machen) – sieht man: *nichts*. Den Geschwindigkeitsexzeß kann man mit dem Lichtexzeß vergleichen. Er blendet, er macht blind.

Geschwindigkeit und Politik – ist dieser Titel nicht irre-führend oder nicht zumindest paradox? Wenn die Geschwindigkeit über die Repräsentation hinausgeht, die Repräsentation im politischen Sinne, so ist die Geschwindigkeit also das Jenseits des Politischen oder, wie man heute sagt, das Ende des Politischen. Das Politische wird von der Geschwindigkeit überschritten und blind gemacht. Geschwindigkeit und Politik *ist daher ein Begriffspaar, das keines ist, ein Paar, das sich selbst zerstört. Es sei denn, genau dies wäre die Funktion des Paars.*

Es ist ein Paar, das sich zerstört. Allerdings hat es sich erst vor kurzem zerstört. Die Geschwindigkeitsproduktion ist neueren Datums, sie geht zurück auf den Anfang des 19. Jahrhunderts. Dagegen ist die Laufbahn des Politischen ungeheuer lang, sie erstreckt sich über Jahrtausende. Früher arbeitete das Politische mit dem Schein. Die griechische Gesellschaft wollte eine Welt erscheinen lassen, und zwar über ihre Kultur, ihre Philosophie, ihre Strategie, ihre "Poliorketik", d.h. die Kunst der Stadtverteidigung – eine von den Griechen erfundene Kunst, vergessen wir das nicht. Etymologisch gesehen ist der Städtebauer jemand, der eine Stadt baut, um sie zu verteidigen. Und um heutzutage die Stadt zu verteidigen, muß man an ihrem Schwerpunkt ansetzen, d.h. ihrer Azimuthal-Projektion in den Zeit-Raum von Geschwindigkeit und Kommunikation.
Ein ernstes Problem ist jedoch, daß die Leute, die an Ort und Stelle anwesend sind, die teilnehmen, die z. B. bei einem Autorennen zugegen sind, durch die Abwesenden abgewertet werden. Die Milliarde Fernsehzuschauer, die sich die Olympischen Spiele in Moskau oder die Fußballweltmeisterschaft in Argentinien ansehen, bringen

ihre Macht auf Kosten der Anwesenden zur Geltung. Die Anwesenden sind schon überflüssig. Es sind fast nur noch Leute, mit denen das Stadion ausstaffiert worden ist, damit es nicht so leer aussieht. Aber ihre physische Anwesenheit wird durch die abwesenden Fernsehzuschauer gänzlich entfremdet. Darin liegt eine vollständige Umkehrung, und gerade das interessiert mich an dieser Situation. Früher waren die Stadien voll. Es war sagenhaft, das Volk explodierte geradezu vor Begeisterung. Auf den Rängen des Stadions waren da zweihunderttausend Leute, die grölten und sangen. Das war wie eine Vision der antiken Gesellschaft, der Agora, des Paganismus. Wenn man jedoch heute die Olympischen Spiele oder die Fußballweltmeisterschaft im Fernsehen sieht, so merkt man, daß gar nicht so viele da sind. Und außerdem merkt man irgendwie, daß nicht diese Leute das Rennen machen. Das Rennen machen Radio und Fernsehen; sie kaufen und realisieren die Weltmeisterschaft, indem sie für eineinhalb Milliarden Fernsehzuschauer sorgen. Die im Stadion abwesend sind, haben immer Recht, ökonomisch und als Masse. Sie haben die Macht. Die Anwesenden sind immer im Unrecht.

Und die Abwesenden, die Verschwundenen Südamerikas?

Das sind nicht die gleichen. Das eine Verschwinden ist an Repression gebunden, das andere Verschwinden an den technologischen Raum, der kein geographischer, sondern ein Zeit-Raum ist. Wenn ich sage die Abwesenden sind im Recht, so sind sie immerhin da. Sie sind zwar nicht vor Ort, aber in der Zeit präsent, d.h. der Übertragungszeit der Mondo-Vision. Der Konzentration im Raum der Stadt oder des Stadions entspricht heute eine Konzentration in der Zeit der Sendung. Die Sendung ersetzt die Urbanisierung. Wir haben hier eine Stadt für den Augenblick, in dem sich eine Milliarde Menschen versammeln. Das ist bereits ein Bild der absoluten Trägheit. Das Verschwinden ist also einerseits das tragische Verschwinden von Menschen, die ermordet oder soweit beeinträchtigt worden sind, daß sie nicht einmal mehr ihre

Identität kennen; das ist die paramilitärische Repression Lateinamerikas. Und dann gibt es eben jenes Verschwinden in der Zeit-Ordnung der Fernsehübertragung eines Ereignisses.

Beide kann man nicht einfach vertauschen. Zum einen gibt es die absolute Trägheit, sie läßt die Fernsehzuschauer er-starren. Es sind Weltbürger, aber Bürger in einem relativierten Sinn. Die Menschen in Südamerika hingegen sind einfach vom Erdboden verschwunden. Doch ihre Passivität gehört nicht zum technischen Apparat selbst. Es handelt sich schlicht und einfach um polizeiliche Liquidierung.

Es gibt da qualitative Unterschiede. Doch wirft dieses Phänomen irgendwie Licht auf die terroristische Praxis und den Staatsterrorismus, wie er in Lateinamerika mit der Technik des Verschwindens entwickelt worden ist. Man praktiziert nicht mehr die Konzentration, die Einsperrung in Lager, die deutsche Variante, sondern man läßt Menschen einfach verschwinden. Ein Taschenspielertrick, soziale Magie. Das ist die Gesellschaft des Verschwindens.

Was verstehst du genau unter Gesellschaft des Verschwindens?

Bis zum zweiten Weltkrieg – bis zu den Konzentrationslagern – sind die Gesellschaften durch Einsperrung, durch Einschließung im Sinne Foucaults, gekennzeichnet. Die große Transparenz der Welt, ob durch Satelliten oder auch bloß durch Touristen, hat dazu geführt, daß die Orte den Blicken, der Presse und der öffentlichen Meinung übermäßig ausgesetzt sind. Seitdem verbieten sich deshalb Konzentrationslager. In dieser Welt der Allgegenwärtigkeit läßt sich nichts isolieren. Selbst wenn es noch Lager gibt, erfordert die Über-Belichtung der Welt, daß man Einschließung und Einkerkerung langsam hinter sich läßt. Man muß eine andere Art von Repression finden, nämlich das Verschwinden (die Ganster hatten es bereits erfunden, indem sie ihre Opfer im Zement verschwinden ließen). In dieser Hinsicht war Lateinamerika noch ein weiteres Laboratorium für die Politik des Verschwindens.

Die neuen Formen, welche die militärische Repression in Lateinamerika annimmt, lassen sich hervorragend in westliche Gesellschaften "exportieren". Im übrigen kommen sie dorther. Lateinamerika ist für den amerikanischen Imperialismus das, was Spanien für Nazi-Deutschland war, eine Gelegenheit, seine neue Technologie kostensparend zu testen.

Man macht sich nicht genügend klar, daß das Verschwinden nicht einfach eine Technik unter anderen ist, sondern eine, die zentral wird. Die Körper müssen verschwinden, die Leute gibt es nicht. Diese Technologie hat eine große Zukunft, denn sie gleicht sehr dem, was sich in der Geschichte des Krieges abgespielt hat. Im Krieg hat man gesehen, wie wichtig Verstellung, Tarnung und Verschwinden waren – jeder Krieg wird mit List geführt. Du erinnerst dich daran, was Kipling über das erste Opfer eines Krieges gesagt hat.

Jetzt gibt es keine Opfer mehr, nur noch Verschwundene, "desaparecidos".

Das Verschwinden von Menschen geschieht heute in der zivilen Gesellschaft durch paramilitärische Organisationen.

Darin zeigt sich eine andere Auffassung des Staates. Traditionellerweise ist der Staat die Macht, die sich zur Schau stellt und ihr Gesicht zeigt. Das ist die gravitas – das Zeremonielle, Feierliche der Macht in ihrer Repräsentation. Hier hingegen übernimmt der Staat die Techniken, welche die Kriegsmaschine der Nomaden kennzeichnen, das Geheimnis des Kriegers, der sich den Überraschungseffekt zunutze macht, um die Oberhand zu gewinnen. Auch die Stadtguerilla tarnt sich, doch ihre Ak-

*tionen müssen so spektakulär wie möglich sein, in der
Hoffnung, daß sie die Massen zum Aufstand bringen und
die Staatsmacht erschüttern. Kurz: der einzig wahre
Terrorismus ist der Staatsterrorismus, denn er muß vor
niemandem seine Aktionen rechtfertigen.*

Der Staat ist selbstmörderisch geworden. Ursprünglich
hatte er dazu nicht die Mittel. Jetzt hat er sie, daher
die Politik des Verschwindens. Daher Kambodscha. Als
ich *L'Etat suicidaire* schrieb, hatte es Kambodscha noch
nicht gegeben. Das beweist, wie recht ich damit hatte,
daß der Staat total eliminiert werden und das Verschwinden bis zum Ende gehen kann.

9

Binnen-Kolonisation und Verhängnis-Staat

Öko-Logistik und Nicht-Entwicklung der zivilen Gesellschaft --- Auschwitz, Hiroshima, Kambodscha --- Innere
Kolonisierung --- Ende der Ideologien --- Afrika, Lateinamerika, Vereinigte Staaten --- Wohlfahrts-Staat und
Verhängnis-Staat --- Qualität des Augenblicks --- Selbstverwaltung als Täuschung --- Totale Deregulation

---

*Kommen wir darauf zurück, daß die Nationalstaaten über-
holt sind und man sich damit so langsam das Ende des Politischen vorstellen kann – sagen wir, das Ende einer
Wachstums- und Fortschrittsperiode der zivilen Gesellschaften. Wie hat es zu einem solchen Umschwung kommen können?*

Wenn man sagen kann, daß in früheren Gesellschaften
der Krieg völlig in Strategie aufging, daß die Strategie
die Nationalstaaten bis zu Beginn des 20. Jahrhunderts
beherrscht hat, so könnte man sagen, daß jetzt die Strategie ausschließlich in der Logistik besteht. Die Logistik
wiederum ist schon der ganze Krieg, denn im Zeitalter
der Abschreckung heißt Waffen herzustellen schon Krieg.

*Abschrecken heißt nicht den Frieden sichern, sondern
sich im Krieg einrichten?*

Abschreckung heißt, eine Rüstung zu entwickeln, die
den totalen Frieden sichert. Eine stets perfekter werden-
de Rüstung schreckt den Gegner immer mehr ab. Infolge-
dessen besteht der Krieg nicht mehr in seinem Vollzug,
im Übergang zur Kriegshandlung, sondern in seiner Vorbereitung. Die Perpetuierung des Kriegs, das, was ich

den reinen Krieg genannt habe, vollzieht sich nicht mehr in aufeinanderfolgenden Kriegen, sondern nur in *einem*, der endlos vorbereitet wird. Diese endlose Vorbereitung, dieser Aufschwung der Logistik bedeutet allerdings, daß sich über kurz oder lang die Gesellschaft, d.h. der zivile Konsum, nicht mehr entwickelt.

Die Ära der Abschreckung verwandelt, kurz gesagt, die Natur des Krieges von Grund auf: die direkte Konfronta-tion wird ausgespart, aber die Kosten für ihren unbe-grenzten Aufschub trägt die zivile Gesellschaft. Doch ist das nicht schon immer der Fall gewesen? Früher wurde die zivile Gesellschaft durch den Krieg restlos geschröpft, heute wird sie durch den Frieden vollständig ausgesaugt. Der Krieg mag wohl seine Natur ändern, diese Tendenz zumindest kehrt sich nicht um.

Krieg zu führen bedeutete in der Vergangenheit einen brutalen Abtausch, eine beträchtliche Erschöpfung, ge-wiß, doch dies war für die zivile Ökonomie relativ uner-heblich. Mit der Entstehung der Kriegsökonomie verän-dert sich das jedoch grundlegend. Die Entwicklung der Abschreckung – nicht nur die strategische Abschreckung im Weltmaßstab der 50er, 60er Jahre, sondern auch die Abschreckung in jedem Bereich der Rüstung der 70er, 80er Jahre – bedeutet auf kurz oder lang einen allgemei-nen Stillstand der Entwicklung. Innerhalb der Kriegsöko-nomie ist das mit dem Null-Wachstum der Ökologie ver-gleichbar. Dem Begriff des ökologischen Null-Wachstums entspricht ein "öko-logistisches" Null-Wachstum.

Was heißt öko-logistisch?

Ich verstehe darunter die Entwicklung einer globalen Lo-gistik: nicht nur einer Logistik der Raketen, der Cruise-Missiles, sondern auch die Entwicklung konventioneller Waffen, die angeblich erforderlich werden durch den rus-sischen Gegner – einen Gegner, der Tausende und Aber-tausende von Panzern herstellt, der seine Seestreitkräf-te gewaltig ausbaut und darauf abzielt, die konventionel-

ie und die unkonventionelle Seite des Kriegs zugleich zu
entwickeln. Wenn sich die Kriegsökonomie so auswirkt, daß die zivile Gesellschaft in ihrer Entwicklung
stagniert, so ist davon nicht nur die Dritte Welt betrof-
fen, sondern es gilt in der Folge auch für die europäischen Länder mittlerer Stärke. Daher die momentane Diskussion über die Euro-Missiles. Über kurz oder lang
wird dies auch für die Vereinigten Staaten gelten. Von
den Sowjets ganz zu schweigen, denn sie haben sich
schon seit langem gegen den zivilen Konsum entschieden.
Erinnern wir uns, daß Eisenhower, als er das Weiße Haus
verließ, seltsamerweise den militärisch-industriellen Komplex diskreditierte, dem er selbst zum Durchbruch ver-
holfen hatte (womöglich weil er gläubig war und seine
Sünden beichten wollte, bevor er starb). Unmittelbar
darauf entstand die Theorie von Maxwell Taylor über die
uncertain trumpet, die "flexible Erwiderung", d.h. daß
man neben der strategischen Nuklearrüstung die konven-
tionelle Rüstung ausbauen muß. Zur gleichen Zeit – all
das spielt sich nahezu in ein paar Jahren ab – steht Niki-
ta Chruschtschow den damals verantwortlichen Militärs,
Malinowski bzw. Tschuikow, gegenüber. Er wird aus dem
Weg geräumt, weil er den zivilen Konsum in der UdSSR
vorantreiben will, um die Vereinigten Staaten einzuholen.
Chruschtschow weiß, daß der amerikanische Imperialismus nur dann erfolgreich bekämpft werden kann, wenn
es den Imperialismus eines sowjetischen "way of life" gibt.
Man kann nicht die Militärgesellschaft weiterentwickeln
und gleichzeitig glauben, der sowjetische Imperialismus
könnte noch irgendeine Anziehungskraft für künftige Gesellschaften besitzen. Chruschtschow will bei der strategischen Nuklearrüstung bleiben. Es wird ausreichen, die
großen thermonuklearen Träger zu perfektionieren, um
dann die zivile Gesellschaft weiterzuentwickeln. Die sowjetische Militärklasse sagt: nein, das kommt nicht in Frage. Es wird deutlich, daß die Nicht-Entwicklung für das
Transpolitische zentral ist.

Marx sprach von einer Verelendung der Arbeiterklasse;
sie ist nicht eingetreten, im Gegenteil: das Proletariat

ist von der Bourgeoisie absorbiert worden, und damit auch der Klassenkampf. Jetzt ist eine relative Verelendung der zivilen Gesellschaft zugunsten einer Militärgesellschaft zu beobachten. Mit dem Null-Wachstum geht ein absolutes Wachstum des Militäretats einher.

Unbedingt. Im übrigen vollzieht sich mit der Abschreckung eine bemerkenswerte Umkehrung, die man noch nicht analysiert hat: das Militär (die a-nationale Militärklasse) steht nämlich nur noch Zivilisten gegenüber, und ich würde sogar sagen: nur noch *ihren eigenen Zivilisten*.
Für mich gibt es drei exemplarische Ereignisse: das erste ist Auschwitz, das zweite Hiroshima und das dritte Kambodscha. Was in Kambodscha geschah, ist exemplarisch, denn es ist ein naturgetreues Modell – ein Schema, eine Karikatur – für das, was im Weltmaßstab geschieht. Die Militärklasse verkehrt sich in eine Art Super-Polizei des Innern. Und das ist ganz logisch. Bei der Abschreckungsstrategie sind die Militärs nicht mehr einander konfrontiert, sie treten tendenziell nur noch Zivilisten gegenüber. Daneben gibt es natürlich noch die "Randgefechte" in der Dritten Welt (die Rolle der "Feuerwehr", die mal hier, mal dort von Europa übernommen wird, insbesondere von Frankreich, oder von Amerika wie zur Zeit Vietnams).

Die paramilitärischen Kommandos in Südamerika, von denen wir vorhin sprachen, die Todesschwadrone, sind also nicht bloß ein Schandfleck anachronistischer und diktatorischer Regime, hier liegt vielmehr die Zukunft der nationalen Armeen, ihr neues Metier. Der ökonomische Aderlaß verschont noch lange nicht das Leben der Bevölkerung. Bei diesem Tauschhandel hat man nichts gewonnen.

In der alten Gesellschaft, wo die Strategie durch eine politische Ökonomie bestimmt war, erfüllte die Armee die Funktion der nationalen Verteidigung. Sie hatte die Grenzen zu schützen – oder zu erweitern, indem sie sich der

gegnerischen Armee stellte. In der Gesellschaft der nationalen Sicherheit – dieser Begriff ist schon aufschlußreich – wenden sich die Streitkräfte gegen ihre eigene
Bevölkerung. Ein Ziel dabei ist, die für den reinen Krieg
benötigten Kredite zu fordern und so endlos weiter auf-
zurüsten (das erzeugt einen ganz bestimmten politischen
Druck; er ist in Frankreich leicht nachzuweisen, denn er
setzt sich sogar unter einer sozialistischen Regierung
durch). Zum anderen geht es den Streitkräften darum,
die Gesellschaft zu kontrollieren. Was heute in Polen geschieht, ähnelt trotz aller Unterschiede dem, was sich in
Kambodscha abgespielt hat. Der Kriegsstaat wendet sich
nach innen, was nichts anderes heißt, als sich mit der
eigenen Bevölkerung im Kriegszustand befinden.

Das ist die Kolonisierung des eigenen Territoriums.

Das ist nicht mehr eine Kolonisation nach außen (das Zeitalter der extensiven Eroberung der Welt), sondern eine
Binnen-Kolonisation (das Zeitalter der intensiven Kolonisierung). Kolonisiert wird nur noch die eigene Bevölkerung. Nur noch die eigene zivile Ökonomie wird unter-
entwickelt.

Paradoxerweise ist der Aufschwung des Militärs in der
Dritten Welt nicht im geringsten archaisch, sondern eine
Vorahnung dessen, was die westlichen Gesellschaften er-
wartet.

Unbedingt. Lateinamerika und in gewissem Maße auch Afrika sind Laboratorien der künftigen Gesellschaft, einer
Gesellschaft, die kontrolliert und kolonisiert wird von
den Ordnungskräften des eigenen Landes, oft mit Unter-
stützung fremder Truppen. Das ist der Fall gewesen mit
dem 1947 abgeschlossenen Interamerikanischen Vertrag
für gegenseitigen Beistand (dem Rio-Pakt), der dazu
dienen sollte, fremde Interventionen zu verhindern und
somit die Bevölkerungen zu verbünden. Man sieht, was
damit möglich wurde. So konnten die Argentinier in Boli-
vien intervenieren; um den Putsch von General Meza zu

begünstigen, dem Drogen-General (es ist nicht uninter-
essant, sich daran zu erinnern). So konnten in Zentral-
amerika die Streitkräfte von Honduras und Guatemala
den salvadorianischen Streitkräften gegen die Bauern zu
Hilfe kommen. Daran sieht man deutlich, wie die traditionelle Verteidigungssituation pervertiert wird.

*Außerdem werden noch andere herkömmliche Unterschei-
dungen verkehrt. Die direkte Machtübernahme der Militärs geschieht im Namen von Ideologien – egal ob diese
reaktionär oder sozialistisch sind – wie in Portugal, Chile, Kambodscha oder Peru.*

Den peruanischen Generälen, den portugiesischen, spa-
nischen und sogar polnischen Generälen sind Ideologien
ziemlich gleichgültig. In diesem System dominiert nicht
mehr eine Ideologie, sondern die militärische Ordnung.
Ordnung ist die einzige Ideologie. Ganz egal, ob diese
Ordnung sozialistisch, kapitalistisch oder sonstwie ist.
Hauptsache, sie ist nicht politisch, sondern militärisch.

So läßt sich das Ende des Politischen auch definieren.

Es ist eine andere Form der Regulation. Sie verläuft nicht
mehr über Parteien, ist nicht mehr politisch oder gar sozial, sondern "unparteilich", d.h. polizeilich-militärisch.
Natürlich gibt es für jede Situation Varianten, trotzdem
ist aufschlußreich, wie in den meisten Ländern, die uns
als Beispiel dienen, in Lateinamerika, in Afrika und übrigens auch in der Sowjetunion, die Armee ein Mittel, in
der Tat das einzige Mittel zum sozialen Aufstieg ist.

*Bis jetzt haben wir kaum von Afrika gesprochen. Wird
auch auf dem afrikanischen Kontinent, genauso wie in
Lateinamerika, die Gesellschaft polizeilich-militärisch kontrolliert?*

Ich habe erfahren, daß die Schulden Argentiniens so
hoch sind wie die gesamten Schulden des afrikanischen
Kontinents. Dies kommt mir sehr mysteriös vor, aber es

erklärt, wieso ich mich immer mehr für die lateinamerikanische als für die afrikanische Unterentwicklung interessiert habe. Afrika kommt mir undurchdringlich vor und ist letztendlich nicht sehr bezeichnend für die Auswirkungen westlicher Technologie. Hingegen zeigen sich in Lateinamerika Auswüchse, die man zum Ausgangspunkt einer Analyse nehmen könnte. Europa hat Südamerika beherrscht. Es hat den südamerikanischen Kontinent kolonisiert, noch vor den Vereinigten Staaten. Aber ich glaube, daß Lateinamerika die Zukunft Europas darstellt. Südamerika verkörpert das, was Europa bevorsteht, genauso wie die Balkanstaaten das "Südamerika" der UdSSR sind. Über kurz oder lang wird den Verbündeten der Vereinigten Staaten keine andere Wahl bleiben (man sieht es auch am Wechselkurs), als in einem neuen Zentralkontinent die Rolle Brasiliens, Argentiniens – um nicht zu sagen die Uruguays oder El Salvadors – zu spielen. Sie würden dann zum Zentralkontinent eines Haupt-Staates gehören (die Hauptstädte wären nicht mehr Städte, sondern Staaten mit Vorstädten und Land).

In den Vereinigten Staaten zeichnet sich sowohl mit der Politik der "Deregulation", die von Reagan gepredigt wird, als auch mit der kolossalen Erhöhung des amerikanischen Militärbudgets nach und nach schon das Aufkommen eines solchen bewaffneten Staates ab.

Die Regierung Reagan bedeutet meiner Meinung nach schon die Binnen-Kolonisierung Amerikas. Der *Wohlfahrts-Staat*, den es in Europa gegeben hat und während der 60er Jahre in gewisser Weise auch in Amerika, wird in den Vereinigten Staaten langsam ersetzt durch das, was ich den *Verhängnis-Staat* nenne. Das heißt, man geht über zu einem Staat und Zustand der Fatalitäten – nuklearer, technologischer und sonstiger Fatalitäten – und zu einem fatalen, diffusen Gesetz, einem Gesetz, das nicht als solches anerkannt und erkennbar ist.

In England ist der Wohlfahrts-Staat trotz allem weiterhin sehr stark. Das weist zum Teil den drohenden Verhäng-

nis-Staat zurück, nicht aber das wirtschaftliche Debakel.
Man bestraft also entweder unmittelbar die Bevölkerung,
wie es im Amerika Reagans der Fall ist, oder man hat eine
völlige ökonomische Auszehrung, auch wenn der Wohl-
fahrts-Staat noch in einem gewissen Grade aufrechterhal-
ten wird. Alles, in allem eine traurige Alternative.

Der Wohlfahrts-Staat steht in einem zeitlichen und ge-
schichtlichen Horizont, der sich von dem des Verhängnis-
Staats völlig unterscheidet. Der Wohlfahrts-Staat läßt etwas fortdauern, die Geschichte erscheint als eine Dauer,
eine lange Dauer. Ich glaube aber, daß es damit nun vorbei ist. Das Ende des Politischen ist das Ende der Geschichte. Unser Horizont wird transpolitisch. Nun zählt
einzig noch die Intensität des Augenblicks. Man hat es
hier mit zwei Arten von Zeit zu tun: mit einer historischen, extensiven Zeit, von der Vorgeschichte bis in unsere Tage, und dann mit einer intensiven Zeit, der Zeit
des Dringlichkeits- oder Beschleunigungszustandes, wo
einzig die *Qualität* des Augenblicks zählt. Ich habe kürzlich am Kolloquium von Avoriaz über den phantastischen
Film teilgenommen. Mich hat erstaunt, daß man zusätzlich
zu den Preisen für den besten Darsteller oder das beste
Drehbuch in den nächsten Jahren einen Preis für die beste Minute vergeben will – für die spannendste, intensiv-
ste Minute. Als Beispiel genommen, läßt sich darin meiner Meinung nach schon so etwas wie die Politik des Mini-
malstaates ahnen. Entscheidend ist nicht die Dauer, sondern der "Genuß". Die Lebensqualität liegt in der Intensität des Augenblicks und nicht in der Beständigkeit der
Dauer.

Der Minimalstaat ist auch der Verhängnis-Staat. Sind wir
nun also dazu verurteilt, nichts zu genießen und bald
auch für nichts und wieder nichts? Denn nichts kommt
selbstverständlich der Intensität des nuklearen Augen-
blicks gleich ...

Die Politik im Wohlfahrts-Staat war maximal. Die Politik
im Verhängnis-Staat ist minimal. Minimalstaat nennen ihn

die Neokonservativen Milton Friedmans. Minimalstaat – das heißt für mich Verelendung, und genauer noch: innere Kolonisierung. Es sieht fast so aus, als könnten die Gesellschaften sich nicht mehr selbst regulieren. Die multinationalen Konzerne können es, doch darunter läuft nichts. Darunter kann durch einzelne nichts erneuert werden. Vielleicht ist es noch bei bestimmten kleinen kulturellen Initiativen möglich. Aber auf der Ebene der Produktion gibt es keine Gruppen, die sich selbst regulieren könnten.

Wir haben diese Frage indirekt schon angesprochen, im Zusammenhang mit den italienischen Autonomen. Du hast sie gelobt, weil sie Fragen aufgeworfen haben, aber an dem Punkt, an dem wir uns befinden, kann für dich natürlich die Selbstverwaltung von Gruppen keine haltbare Antwort darstellen.

Ich glaube überhaupt nicht an die Selbstverwaltung, über die in Europa diskutiert wird. Zwar wünsche ich die Selbstverwaltung, also daß Gruppen zur Autonomie fähig sind. Ich finde direkte Demokratie gut, ich finde das wunderbar – aber idealistisch und utopisch. Was auf uns zukommt, sind Nicht-Entwicklung und Deregulation durch Militärstaat, reinen Krieg und maximale Investitionen in die Kriegsproduktion. Angesichts all dessen kommt in der Selbstverwaltung der Wunsch zum Ausdruck, nach der Vergangenheit zu schielen. Man ist auf die Selbstverwaltung einer Gemeinde oder einer Stammesgesellschaft aus. Meiner Meinung nach liegt darin aber ein gewaltiger Irrtum, eine rückwärts gerichtete Illusion. Ich kann nicht vergessen, daß neben dem Wunsch nach Selbstverwaltung zugleich – als Resultat der Technologie – der Wunsch nach Hyperzentralisierung besteht. Warum gibt es momentan in der Frage der Selbstverwaltung ein Hin und Her zwischen der Rechten und der Linken? Weil allmählich ein reiner Staat entsteht, ein Weltstaat: das hängt mit dem Nuklearen zusammen, mit der Verkopplung von Russen und Amerikanern auf strategischem Niveau und mit der ökonomischen Verflechtung des Kapitalismus mit den übrigen Ländern. Man braucht sich bloß anzuschauen, was in Polen geschehen ist mit der Weltbank... Es gibt mittlerweile tatsächlich eine Kongruenz der Militärmacht, ein Beharrungsvermögen der Militärmacht, welches die beiden Blöcke verbindet. Durch die multinationalen Konzerne besteht außerdem die Tendenz, die Weltwirtschaft zu vereinheitlichen (wie es ja auch eine Wirtschaft der nuklearen Abschreckung gibt). Ich bin also dafür, daß die Leute sich "selbst-verwalten", doch ich kann nicht darüber hinwegsehen, daß gerade die multinationalen Konzerne der reine Staat sind – der einzige, universale Staat der Faschisten, ich denke dabei an den *Weltstaat* von Ernst Jünger. Und die multinationalen Konzerne breiten sich so weit wie möglich in der Welt aus, und zwar im selben Moment, wo sie sich auf ökonomischer und finanzieller Ebene am stärksten konzentrieren. Die industrielle Umstrukturierung durch die multinationalen Konzerne ist ein regressives Phänomen und vergleichbar mit der Desurbanisierung. Was haben sie gemacht? Sie haben die ganze Welt ausgebeutet. Sie haben die Leute in Hongkong, im Kamerun etc. arbeiten lassen. Und im selben Moment haben sie sich konzentriert. Es gibt einfach einen Umkehr-Effekt. Was im industriellen Bereich geschehen ist, geschieht nun allmählich auch im urbanen Bereich. Das gleiche Diaspora-Phänomen, die Denzentralisierung der Stadt, verbirgt eine Konzentration der Entscheidungsstrukturen, die weit stärker als früher ist. Es entwickelt sich eine weit stärkere Kapitalisierung, jedoch anderer Art, etwa wie ein Kontrollturm oder der Terminal einer Bank. Damit will ich nicht die Stadt verteidigen, sondern die Einheit des Ortes, die Einheit der Zeit. Früher war die Hauptstadt die Bank. Die Stadt stellte die Bank dar. Die Stadt sorgte für die Schutzwälle, sie war der Safe. Heute ist der Safe der Ort, wo Informationen und Daten konzentriert sind. Das heißt: Hyperkonzentration ökonomischer und militärischer Macht. Der Hyperkonzentration entspricht notwendigerweise eine ungeheure Deregulation. Daß man sich im Augenblick der Selbstverwaltung gegenüber offen zeigt, läuft also meiner Meinung nach auf eine Täuschung hinaus. Eine Täuschung, denn es bedeutet "Werdet irgendwie selbst mit allem fertig!", d.h. eine Preisgabe jeglicher Sozialpolitik. In dieser Hinsicht ist die Politik Reagans avantgardistisch. Man konzentriert die Macht im Krieg, im militärisch-ökonomischen Industriewachstum etc., und den Rest läßt man krepieren. Das läuft darauf hinaus, zu sagen: "Verwaltet euch selbst, macht was ihr wollt, kümmert euch um eure sexuellen Angelegenheiten, lebt euer Leben – und um den Rest kümmern wir uns."

In den Vereinigten Staaten ist die Autonomie – weit davon entfernt, eine kollektive Bewegung zu sein – eine individualistische Parole der Rechten. Damit meint man das Recht, sich bis an die Zähne zu bewaffnen, um den Privatbesitz zu schützen oder das eigene Überleben im Falle des gesellschaftlichen Zusammenbruchs zu gewährleisten. Die Autonomie im Zusammenhang Italiens zu bestimmen, war übrigens auch Anliegen und Risiko der Nummer von Semiotext(e).[19]

Heute läßt sich die Forderung nach Autonomie nicht mehr verstehen, ohne gleichzeitig "soziale Desintegration" mitzuhören. Es geht also nicht um eine Diaspora der wiedergefundenen Freiheit, um eine ländliche, eine Stammes-Diaspora, oder um die Diaspora der berühmten selbstverwalteten, selbstregulierten Gemeinde etc., sondern vielmehr um Deregulation in totaler Trägheit. Die Macht konzentriert sich so stark wie möglich in einem Punkt, wo Russen und Amerikaner, die multinationalen Konzerne und der sozialistische Staatskapitalismus des Ostens sich treffen. Der Rest ist Deregulation. Man darf krepieren. Jedenfalls werden wir nicht mehr gebraucht: Roboter und Telematik kümmern sich um die Produktion; der Krieg wird automatisiert und mit ihm die Entscheidungsgewalt. Es werden keine Menschen mehr gebraucht, keine Soldaten, keine Arbeiter mehr; von jetzt ab braucht man nur noch absolute Vernichtungsmittel, im kommerziellen Bereich wie auch anderswo.

Der Staatsterrorismus ist eine Form der Selbstverwal-

tung, die von der individuellen auf die staatliche Ebene übertragen worden ist. Man "selbst-verwaltet" nicht mehr den Frieden, sondern jeder seinen eigenen Krieg.

Das stimmt.

10

Vernichtungsproduktion

Die Evakuierung der Städte --- Pol Pot --- Verhängnis-ökonomie --- Marxismus und Krieg --- Die Pariser Commune --- Die A-Politik des Schlimmsten --- Dem Tod ins Auge sehen ---Volkswiderstand --- Frauen und Krieger --- Terrorismus und Technologie --- Nukleare Erpressung und Desurbanisierung --- Bruchlinien

---

Neben der nuklearen Mythologie, die übrigens wirklich bedrohlich ist, gibt es jetzt eine Science Fiction des Krieges. Ich denke dabei an die Szenarios der Bevölkerungs-Evakuierung, die im Reagan-Plan beschrieben werden.

Im 7-Jahres-Plan.

Findet man anderswo etwas, das dem entspricht, z.B. in der UdSSR? Bedeutet das für die Vorbereitung des permanenten Krieges etwas neues?

Ja. Man kann zwei Systeme unterscheiden: Ein Verteidigungssystem , das auf einen Feind, und ein Sicherheitssystem, das auf eine Drohung bezogen ist. Epistemologisch betrachtet unterscheiden sich diese beiden Systeme stark. Durch Verteidigung und Feind wurden Zeitlichkeiten und Territorien organisiert, ob es sich nun um die *Cuadras*, die Wohnblocks in Lateinamerika handelt, um die Stadt Milet oder um den römischen Flurplan, die Landeinteilung nach Zenturien. Sicherheit und Bedrohung andererseits haben das Territorium abgebaut. Dies wird auch durch den 7-Jahres-Plan geschehen. Was wird passieren? Man wird die Städte evakuieren, die Bevölkerung zerstreuen und das Territorium kaputtmachen. Das ist Deregulation. Die Bedrohung,die in der Doktrin der nationalen Sicherheit vorausgesetzt wird, ist ganz und gar hypothetisch und phantasmatisch. Gerade das trägt dazu bei, die Struktur des Territoriums zu zersetzen, doch dabei bleibt es nicht. Im Namen der Sicherheit, des Schutzes löst sich alles auf, wird alles dereguliert: ökonomische und soziale Verhältnisse, sexuelle Beziehungen, Geld- und Machtverhältnisse. Das läuft schon fast auf eine Niederlage ohne Krieg hinaus.

Und seltsamerweise ist wieder Kambodscha das Bild für die territoriale Deregulation, doch diesmal im archaischen Sinne.

Kambodscha ist ein Modell des selbstmörderischen Staats gewesen. Die Bevölkerung wird nicht mehr zusammengezogen, um das Territorium wirtschaftlich zu nutzen, sondern das Territorium wird immer mehr zersetzt.Hätte man Pol Pot nach seinem Gutdünken handeln lassen, so wäre niemand mehr übrig. Er war ein Robespierre. Es war eine auf ein ganzes Land ausgedehnte Schreckensherrschaft. Sie hätte Kambodscha zum Verschwinden gebracht. Es hätte nicht einmal mehr jemanden gegeben, um noch Köpfe abzuschlagen. Eine Karikatur von 1793 stellte das Ende der Schreckensherrschaft in Frankreich im Bild eines Henkers dar, der sich selbst guillotiniert. Kambodscha bot ein solches Bild.

Gleichzeitig war das Experiment Kambodscha auch gegen die Technologie gerichtet, gegen ihren Import in die Dritte Welt.

Das geschah im Namen des Marxismus,d.h. einer betriebsamen und nicht einer industriellen Ideologie. Zwischen Marxismus und Technologie bestehen seltsame Beziehungen. Man muß sie auseinander halten, selbst wenn es marxistisch-stalinistische Technokraten gibt. Doch sicher gibt es da Überschneidungen.

*Jean Baudrillard spricht vom Ende des Produktionszeit-
alters. Heißt das für dich soviel, wie die technologische
Produktion und die Logik der Vernichtungsmittel auf das
Gebiet des reinen Kriegs zu verlagern?*

Eben das nenne ich die Revolution der Vernichtungsmittel. Zunächst fand eine Revolution der Produktionsweise
statt, man glaubte an einen Fortschritt durch Wissenschaft und Technik. Das ist nun vorbei. Innerhalb der
revolutionierten Produktionsweise kommt nun ihr Gegenteil zum Vorschein. Admiral Sevestre, der Herausgeber
der *Revue de la Défense Nationale en France,* sagt: "Industrielle und militärische Produktion müssen übereinstim-
men." Dieser Satz gibt ausgezeichnet die Revolution der
Destruktionsweise wieder. Produktion und Destruktion
werden absolut identisch.

*Kurz gesagt: die Kriegsproduktion ist zur allgemeinen
Ökonomie geworden, so wie Georges Bataille sie verstand.
Und die industrielle Produktion ist nur noch eine be-
schränkte Ökonomie...*

Die Revolution der Produktionsweise läuft auf eine Verhängnis-Ökonomie hinaus. Der Krieg wird zwar organisiert, aber er entgleitet immer wieder – was zur heutigen
Situation führt, in der Nuklearkrieg und Abschreckung
sich verselbständigen.

*Der Marxismus hat die Funktion des Kriegs weitgehend
verdunkelt, indem er daraus eine Folge und nicht den
Ursprung der Ökonomie machte.*

Meiner Meinung nach haben sich Marx und Engels sozusagen die Karten gegenseitig zugeschoben. Engels hat den
Krieg wahrgenommen, auch wenn er ihn nicht im eben genannten Sinne verstand. Er stellte sich vor, daß die Arbeiterklasse sich den Krieg wieder aneignen könnte. Vor
allem zu Beginn der Gewerkschaftsbewegung war die Arbeiterklasse eine Kampfmasse. Das Verhältnis des Marxismus zum Krieg war also anfangs nicht sehr klar. Von heute ganz zu schweigen...

*Der Marxismus ist immer eine Kriegsmaschine gewesen,
aber im Dienste von...*

Im Dienste von... Lassen wir das. Was dies betrifft, fühle ich mich der Commune viel näher. Die Pariser Commune, das Vorbild von Marx, war keineswegs eine Kriegsmaschine, selbst wenn sie ihre Entstehung größtenteils dem französisch-preußischen Konflikt verdankte. Ich fühle mich den Kommunarden ziemlich nahe, obwohl ich als Christ nicht damit einverstanden bin, daß sie die Pfarrer massakrierten. Es war eine soziale Revolte, die nicht auf Krieg aus war. Daraus entstand dann der Konflikt zwischen den beiden Generälen der Commune, die den Volkskrieg organisieren wollten, und den Kommunarden, die ihn nicht wollten. Sie verlangten vielmehr, es solle ein Krieg des Volkes bleiben, also ein Krieg ohne Strategie. Hier ging es um etwas, was mit einer Art von "Bauern-Sozialismus" zu tun hat: der Sozialismus wäre die Fortsetzung des Bauernaufstands, der Land-Guerilla mit anderen Mitteln – und nicht der Übergang zum industriellen Krieg, zu all dem, was der Marxismus bald mit sich bringen sollte.

*Willst du damit sagen, daß auch ein marxistischer Staat
dazu verurteilt ist, den Krieg wieder zu institutionalisieren?*

Es läßt sich nicht vermeiden. Man braucht sich nur die Rolle Trotzkys anzusehen. Er ist eine Persönlichkeit ersten Ranges in Sachen Krieg.

Kürzlich gab es in den USA den Ansatz zu einer Diskussion, weil beim Bau der ersten militärischen Weltraumfähre zivile und militärische Faktoren miteinander verquickt worden sind. Als man sich daran machte, Kapital und Technologie in die militärische Industrie einzubringen, erklärte man: wir werden Elemente der zivilen Industrie übernehmen, doch wir werden sie von den militärischen säuberlich trennen. Damit wurde indirekt ihre Verquickung schon zugegeben. Wir könnten hier noch eine andere Fra-

*ge anschneiden: wie wirkt sich der Technologie-Transfer
in Länder der Dritten Welt auf die traditionellen Gesellschaften dort aus? Kommt es zu einer Zersetzung des Territoriums? Damit kommen wir wieder auf das Problem Kambodscha zurück, wo gerade die Ablehnung der Technologie zu einer vergleichbaren Zersetzung des Territoriums
geführt hat. Wie soll man ein solches Zusammentreffen
zweier so gegensätzlicher Positionen erklären? Denn
schließlich haben die Leute von Phnom-Penh, auch wenn
sie sich wie die Wilden aufgeführt haben, nichts anderes
getan, als das, was du als Auswirkung der Technologie
beschreibst.*

Ich glaube nur nicht, daß man die Technologie ablehnen,
d.h. bei Null anfangen kann. Man kann nicht alles anhalten, um nachzudenken. In der Frage nach der Technologie schlummert zwar nicht die Lösung, aber doch die Möglichkeit zu einer Lösung. Deshalb interessiere ich mich so
sehr für die Kriegsmaschine. Der Satz von Hölderlin "Wo
aber Gefahr ist, wächst das Rettende auch" ist für mich
sehr wichtig. Ich glaube, daß sich im Innern der Verdre-
hung der menschlichen Kenntnisse durch die Kriegsmaschine ihr Gegenteil verbirgt. Daher ist die Aufgabe gerade
in dieser Maschine zu lösen, und meiner Ansicht nach haben die Politiker nie etwas anderes versucht. Die Politiker, wieder im antiken Sinne verstanden, im Sinne der
Erfindung des Politischen, haben nichts anderes getan
als mit ihren Händen in die blutigen Eingeweide des
Kriegskadavers hineinzugreifen, um etwas herauszuzie-
hen, das man gebrauchen konnte und das nicht Krieg war.
Heute weiß das Militär alles über die Zivilisten, aber die
Zivilisten wissen nichts über das Militär. Das ist für mich
das Schlimmste. Genau das ist die A-Politik des Schlimmsten. Das Politische hingegen bedeutet, auf diese Steigerung zum Äußersten, diesen Feind, diesen falschen Priester zuzugehen und ihn zur Rede zu stellen. Dies allerdings, wie in einem Kampf mit dem Engel oder dem Teufel.
Es geht um die Frage des Todes: man kann ihr nicht ent-
rinnen, man muß sich ihr mit Leib und Seele stellen, wie
es Ärzte oder Künstler getan haben. Wenn man sieht, wie

Leonardo da Vinci den Tod entdeckt hat, so wird einem
klar, wie sehr die Künstler der Renaissance, aber später auch andere, wie Delacroix, Géricault oder Soutine,
von Kadavern fasziniert waren. Darin liegt durchaus
nichts Morbides, sondern der Wille, dem Tod ins Auge zu
sehen. Der Tod faszinierte sie, faszinierte sie wie ein Was-
serfall, wie Blitz und Donner. Heute verhält es sich wohl
ähnlich. Man muß in den reinen Krieg vordringen, man
muß sich mit Blut und Tränen bedecken. Man darf sich
nicht abwenden. Darin liegt Zivilcourage und politische
Tugend.

*Das könnte die Faszination für das Militär oder den Tod
erklären, die man dir vorwirft. Du glaubst, daß man
nicht nur den Tod, sondern auch den Krieg verdrängt
hat?*

Ja. Nur solange man keine Angst hat, ist man wirklich Zivilist. Wenn der Zivilist an seiner Feigheit erkennbar ist,
an seiner Feigheit, sich Situationen zu stellen, dann ist
er genauso, wie die Militärs ihn gerne hätten. Nun können sich die Militärs als mutig erweisen und sagen: "Lebt
ruhig, meine Brüder und Schwestern; an eurer Stelle werde ich dem Tod entgegentreten." – "Danke, Papa, das
mache ich schon selbst", wäre hier meine Antwort. Erpressung, nein danke! Man braucht den Staat nicht. Erst
recht braucht man nicht beschützt zu werden vor einer
Frage, die zu unserer Existenz gehört: vor der Frage
nach dem Tod, dem Tod des Individuums oder der Gattung. Denn dadurch legitimiert sich das Militär. Das ist
ein altes Argument. Doch meiner Meinung nach ist man
nur dann wirklich zivil, wenn man sich der Frage des Todes stellt. Daher rührt auch mein Interesse für den Volkswiderstand, für die Frage, wie jeder einzelne für seine
eigene Verteidigung aufkommen kann. Ich will ein ganz
einfaches Beispiel nennen. Wir waren etwa zehn Leute und
bereiteten den Prozeß eines Kriegsdienstverweigerers vor.
Mitglieder der *Ordre Nouveau*, einer faschistischen Gruppe, griffen uns mit Knüppeln an und haben mir dabei den
Arm gebrochen. Daraufhin sagten alle: "Gehen wir zu

den Bullen!". Ich bin als einziger nicht hingegangen. Es schien mir abwegig, die Polizei darum zu bitten, uns zu verteidigen. Man geht nach Hause und läßt es sich eine Lehre sein. Man geht nicht zu den Bullen, das ist unmöglich! Allerdings habe ich mich geärgert, weil ich nicht daran gedacht hatte, daß man uns angreifen könnte. In dieser Hinsicht fühle ich mich den Bauern sehr nahe. Die Bauern, das sind echte Zivilisten...

Die Bauern verschwinden allmählich... Ist ein Volkswiderstand noch möglich, wenn man sich das ungeheure Rüstungswachstum ansieht?

Nein. Der Volkswiderstand, die Défense Populaire, benutzt das Milieu und keine besonderen Mittel. Weil die Partisanen sich in einer Umgebung befinden, die sie ausgezeichnet kennen, können sie sich verteidigen. Sie brauchen keine außergewöhnlichen Waffen. Die Bauern hatten Mistgabeln, Arbeitsgeräte und Steinschleudern, und das reichte aus. Sobald jedoch eine starke Landflucht einsetzt und aus den Bauern Städter werden, sobald auch die Städter selbst sozial zersprengt und über den ganzen Erdball verstreut werden (denn wir befinden uns in der Geopolitik und nicht mehr in der Politik), gibt es nichts mehr, um sich zu verteidigen. Es gibt nur noch den einzelnen und seine Deterritorialisierung; er kann nichts mehr machen. Diese Situation erzeugt Panik, sie führt zum Ende des Volkswiderstands. Mit dem Streik versuchte man schon, darauf zu reagieren. Mit dem Streik brachte man etwas zum Ausdruck wie: Wenn wir keine Barrikaden mehr bauen können, werden wir eben woanders unterbrechen, woanders als im Raum. Der Raum gehört euch. Wir werden uns in der Zeit verteidigen, durch Einschnitte, Unterbrechungen, wilde Streiks und Zahlungsverweigerungen. Aber das reicht nicht. Die Lage des Volkswiderstands ist momentan prekär.

Er steckt in der Krise, denn das Volk hat den "Boden" verloren, und damit sein Milieu und seine Operationsbasis. Mit dem Boden ist zugleich der soziale, familiale und Gruppenzusammenhang verloren gegangen.

Die Frauenbefreiung hat zur Niederlage eines logistischen Paars geführt, denn die erste Kriegsmaschine sind Mann und Frau. Das Paar ist nicht nur zum Kinderkriegen da. In Wirklichkeit ist die Ehe eine Kriegsmaschine und keine Produktionsmaschine. Erst durch die Frau konnte der Mann wirklich zum Krieger werden. Der Mann sagte: "Sieh' du dir nicht den Tod an, das mache ich schon; du machst mir zu essen." Es ist die gleiche "Arbeitsteilung" wie heute zwischen der Technokratie und den amorphen Massen: " Seht euch bloß nicht den Tod an, darum kümmern wir uns schon; ihr malocht". Es ist immer die gleiche Geschichte, doch hat der Mann diese Rolle schon gespielt, lange bevor es die proletarischen Massen gab.

Die Frau befreien heißt also, einen neuen Krieger produzieren.

Ja, einen neuen Krieger. Doch wie das in einem System des Volkswiderstandes funktionieren könnte, sehe ich noch nicht.

Der Krieg beruht nicht mehr auf der Arbeitsteilung zwischen den Geschlechtern?

Nein, natürlich nicht, doch wenn sie aufgelöst wird, so bringt das den unbewaffneten Kampf auch nicht weiter. Warum sollte man wohl dem Volkswiderstand mehr Aufmerksamkeit schenken als der Guerilla? Weil er vom Milieu ausging und Mittel benutzte, die zu der Gesellschaft gehörten, die zu verteidigen war. Ja er benutzte sogar Mittel, die zur häuslichen Ökonomie, d.h. den Beziehungen zwischen Mann und Frau gehörten. Sobald dieser Zusammenhang zerrissen wird, ist man gezwungen, zu den Waffen zu greifen. Und das ist bei den Terroristen der Fall. Irgendwie müssen sie sich in eine Situation bringen, die technokratisch ist, sie müssen z.B. in ein Flugzeug, einen Bus, einen Zug oder auf ein Schiff steigen. Dann ziehen sie ihren schweren 38er-Revolver. Und nur weil ein Fahrzeug sich in Fahrt befindet und die Leute nicht aussteigen können, entsteht eine Gewaltsituation. Sie greifen zur Waffe, sie machen es wie die Militärs. Sie brauchen erst Mittel, dann eine Industrie, um diese Mittel zu beschaffen, am Ende wird das ein reiner Krieg. So sieht's aus, verkürzt gesagt. Der Terrorist sagt sich: meine Frauen verweigern sich mir, meine Gören sind unehelich (sie kennen mich nicht mehr), meine Eltern erschrecken vor mir (es sind Bürger), also nehme ich eine Knarre, steige in eine Boeing und drehe das Ding... Damit wird der Terrorist militärisch. Das ist kein Volkswiderstand mehr!

Zu diesem Schluß ist Hans-Joachim Klein gekommen, der deutsche Terrorist, der sich jetzt auf der Flucht befindet. Er erkennt, daß der bewaffnete Kampf kein Volkswiderstand ist, sondern eine "Politik des Massakers."[20]

Auch wenn es sich um einen Palästinenser handelt und somit für mich vieles durchaus berechtigt ist, denke ich doch, daß das System vollständig verdreht ist. Ich sage mir: der fängt mit dem Ganzen wieder von vorne an. Er wird eine Rüstungsindustrie brauchen, denn wenn die Rüstungsindustrie stillstände, gäbe es keine Terroristen mehr. Nehmen wir an, es würde morgen keine Fabriken für 38er mehr geben, die Boeings würden durch Streiks auf der Erde festsitzen, es würde kein Benzin, keine Autos und keine Maschinen mehr geben - der Terrorismus wäre am Ende. Der Terrorismus sitzt der Technologie auf. Deshalb ist es kein Volkswiderstand, auch wenn die Terroristen es glauben.

Der Unterschied zwischen einem Agenten der CIA und einem italienischen Rotbrigadisten besteht für William Burroughs[21] darin, daß der eine zu einem offiziellen Verein gehört, während der andere schließlich bloß ein Bastler ist.

Ja, ein Amateur.

Kommen wir auf die Frage der häuslichen Ökonomie zu-

rück. Identitätsverlust der Geschlechter, Zersplitterung des sozialen Zusammenhangs und Vereinzelung – weist das nicht alles darauf hin, daß die erwähnte Befreiung zugleich zum Krieg gehört?

Ich interessiere mich für die Befreiung der Frau. Ich bin seit langem ein Freund von Luce Irigaray. Ihre Untersuchungen zur weiblichen Sexualität[22] gefallen mir: darin wird eine Identität entfaltet, die noch unbekannt ist und nun in ihrer Originalität aufgedeckt wird. Das ist eine leidenschaftliche, ver-rückte Erfahrung, ein Experiment, das meiner Ansicht nach z.B. der Erfindung neuer Ernährungsweisen gleicht. So hat man wohl angefangen. Aus einem ähnlichen Willen zur *Differenz* ist die Kultur hervorgegangen. Abgesehen von diesen wunderbaren Gedanken, die ich voll unterschreibe, scheint mir der politische Kampf der Frauen völlig kaputt zu sein. Denn sie berücksichtigen nicht die geopolitische Situation, in der wir uns befinden, die Situation von reinem Krieg und Abschreckung.

Unter dem Vorwand der Befreiung schafft man letztendlich eine neue Repression.

Das stimmt. Denn um sich zu befreien, müßte man von allem abstrahieren können, was einen umgibt. Nehmen wir z.B. Nikaragua, ich finde das großartig. Es wird eine Revolution gemacht, sehr gut, fast ein richtiger Volkswiderstand. Man schafft eine Gesellschaft, die das sowjetische Modell nicht sklavisch nachahmt. Und dann, ein, zwei Jahre später, hat man den Ausnahmezustand. Soll Nikaragua wirklich frei sein, so muß auch alles übrige befreit werden! Hier findet man das Problem der Internationale wieder: das Drama des Marxismus, aber auch das Drama aller Befreiungen. Befreien wir uns nicht alle gleichzeitig, so bringt das eben nichts. Ich habe kein Universalrezept, keine globale Antwort darauf, was zu tun sei. Ich habe nur Fragen, Unterbrechungen, Aperçus. Es geht immer wieder um Fraktalobjekte.

Um auf den Reagan-Plan zurückzukommen: die Gemeinden haben sich auch dem Begriff der Zivilverteidigung nachdrücklich widersetzt. Sie erklärten: "Wir werden diese Maßnahmen nicht durchführen, wir werden nicht einmal Schutzräume errichten, denn das hieße, die Vorstellung eines Atomkriegs annehmbar zu machen." Glaubst du, solch ein Szenario militärischer Science Fiction läßt sich wirklich in die Tat umsetzen? Zuerst einmal schätzten die New Yorker das Projekt, die Städte zu evakuieren, in jedem Falle als unmöglich ein.

Sicherlich. Aber was steckt dahinter? Die Waffe ist immer ein Alibi. Die nukleare Göttin herrscht, doch ist sie nicht wirklich aktiv; sie ist das Zentrum des Spinnennetzes. Der Reagan-Plan ist wohl nicht wirklich dazu da, auf einen atomaren Alarm zu reagieren. *Er ist dazu da, die Bevölkerung zu konditionieren* und auf die innere Kolonisierung vorzubereiten: vor allem muß sie fertiggemacht werden. Die Städte haben noch einen zivilen, einen bürgerlich-rechtlichen Status, und das Politische kommt noch räumlich zum Ausdruck, was der inneren Kolonisierung entgegensteht. Man braucht sich nur anzuschauen, welche Vorkehrungen die Jesuiten als erstes in den indianischen *reducciones*, den missionierten Gebieten, getroffen haben. Sie begannen damit, die Stammesstruktur zu zerstören, indem sie das Dorf zersplitterten. Sie gaben ihm eine Gestalt, eine räumliche Struktur, die nichts mehr mit dem zu tun hatte, was vorher dagewesen war. Damit waren die Leute verloren. Meiner Meinung nach geschieht beim Reagan-Plan etwas ähnliches, doch nun auf die territoriale Umgestaltung Amerikas ausgedehnt. Für mich besteht die Zukunft in der Entstädterung. Der Reagan-Plan ist nur möglich, weil das Ende der Städte auf uns zukommt. Das darf man nicht vergessen (und ich bin Stadtplaner). Das bedeutet Vororte, Zusammenbruch der städtischen Integration. Stattdessen hat man eine Riesenvorstadt, keine Großstadt, sondern eine Großvorstadt.

Dieser Plan zur Entstädterung deckt sich paradoxerweise mit gewissen Vorstellungen der italienischen Autonomen.

Die Dezentralisierung der Industrie bedeutet das Ende der Arbeitersiedlung, also auch das Ende des Proletariats. Doch die Italiener sehen in einer solchen Zerstreuung auch etwas positives.

Man kann die Leute nicht dazu zwingen, die Städte zu verlassen. Wenn man jedoch betont, daß die Pershings, die SS 20, die Raketen jederzeit auf die großstädtischen Regionen niedergehen können, so überlegen die Leute ernsthaft, aufs Land zu ziehen. Mit der nuklearen Drohung geht alles. Das ist eine Logik der Erpressung!

Tendenzen, die in unserer Gesellschaft bereits wirksam sind, überschneiden sich mit der nuklearen Erpressung und werden durch sie noch verstärkt. Das Ende des Produktionszeitalters zeigt sich auch darin, daß die territoriale Basis der Arbeiteridentität verschwindet. Die Technologie kann mittlerweile auch dezentral funktionieren, geographisch verstreut, wie z.B. bei Heimarbeit.

Der Raum ist nicht mehr in der Geographie zu suchen; er ist in der Elektronik verankert. Die Einheit besteht in den Terminals, im augenblickshaften Zeittempo an den Schaltstellen, an den Schreibtischen multinationaler Konzerne, in den Kontrolltürmen etc. Von nun an spielt sich Politik weniger im geographischen Raum ab, als vielmehr in technologisch bestimmten Zeitsystemen: Bildschirmtext, Intercity, Flugzeug etc. Geopolitik wird durch Chronopolitik ersetzt. Man bewirtschaftet nicht mehr ein Territorium, sondern die Zeit. Die Raum-Ordnung ist überholt; sie ist minimal.

In Die Zukunftschance *schreibt Alvin Toffler*[23]*, daß die Verstreuung der Industrie über das gesamte Territorium einen Aspekt des technologischen Fortschritts darstellt. Die Re-Industrialisierung Amerikas verläuft keineswegs über die Verbesserung alter Strukturen; hingegen wird die Verstreuung allgemein und die Ökonomie taucht sozusagen überall unter, wie die Italiener es ausdrücken.*

Die Einheit der Welt ist nicht mehr räumlich. Die Maßeinheit für das Territorium ist die zeitliche Entfernung.Jeden Tag werden neue Zeitmaße erfunden, kognitive Masse: Millisekunden, Nanosekunden. Darum dreht sich jetzt alles, das ist für die Politik maß-gebend. Landvermessung - das gehört zu Pharaonen, Römern und Griechen. Das war Geopolitik. Dort sind wir nicht mehr; wir sind in der Chronopolitik. Organisation, Macht, Strukturierung und Unterwerfung, Verbote, Unterbrechungen und Befehle arbeiten nunmehr mit der Zeit. Und dort muß auch der Widerstand ansetzen. Wenn man im Raum anstatt in der Zeit kämpft, so ist es, als würde man den Gestalten von Ray Bradsbury aus den *Mars-Chroniken* begegnen: sie sind da, ohne wirklich da zu sein.

Das alles deckt sich auffallend mit dem, was Ökonomen und Urbanisten für die technologische Entwicklung und ihre gesellschaftlichen Vorteile prophezeien.

Bloß glaube ich nicht an die Vorteile.

Meinst du nicht, daß du manchmal alles zu global und irgendwie paranoisch siehst? Läßt uns die technologische Welt keine andere Wahl?

Abgrenzungen und Abgeschlossenheit sind für mich immer wichtig gewesen. Grenzlinien, Abbrüche, Grenzflächen sagen mir viel. Nicht zufällig habe ich den Atlantikwall erforscht. Nicht die Bunker haben mich interessiert, sondern ihre Lage, der Wall, der Bunker-Gürtel, all das, was zwischen Festland und Meer ist. Anschließend habe ich mir den Westwall und die Maginot-Linie angesehen, aber *nach* dem Atlantikwall. Vorher hätte ich dazu nie Lust gehabt, weil mich die Küste interessierte. Sie ist für mich etwas Außergewöhnliches, eine wunderbare Unterbrechung, eine Grenzfläche. Den Raum habe ich immer schon in Unterbrechungs-Begriffen gedacht, z.B. *entweder...oder*, Wasserscheide: Orte, wo sich Dinge austauschen und umformen. Chronopolitik und Zeit-Ordnung gehe ich auch so an, nicht als Ausdehnung. Die

Ausdehnung hat weniger Bedeutung als die Punkte, wo
sich etwas verändert und es Fragmente gibt.

Warum interessieren dich Bruchlinien?

Sie multiplizieren die Fragmente, die Grenzflächen und
das, was nicht-neutral ist. Durch die Küste gibt es Festland und Meer. Darin liegt etwas Zwiefaches, Ambivalen-
tes, das mich interessiert. Ich will also keineswegs die
Situation, in der wir uns befinden, als "dramatisch","paranoisch" etc. beschreiben. Diese Worte gebrauche ich
nur für das Nukleare und den Krieg.

11

Kriegsmaschine und Tod

Das fatale Paar --- SALT, START : Begrenzung oder Perfek-
tionierung der Rüstung --- Pazifismus --- Missile und
Messias --- Das Nukleare und die Wiederkehr des Heiligen
--- Die Frage nach dem Tod --- Tod und politisches
Bewußtsein --- Die Todesstrafe --- Das Verschwinden
des Gesetzes --- Zwischen Zivilem und Militärischen:
der Tod --- Die Frage nach Gott --- Selbstmord der
Gattung

---

*Offenbar bindet die Konfrontation der Blöcke die beiden
rivalisierenden Imperialismen immer stärker aneinander.
Und zwar ist nicht, wie es Reagan ausdrückt, Rußland
das "Übel unserer Zeit", sondern die Rivalität, die beiden Mächten nur von Vorteil ist.*

Man kann das Phänomen der absoluten Waffe nicht unabhängig von diesem Abschreckungspaar begreifen. Unter-
schlägt man die eine Seite und sagt, die einen seien zu
fürchten und die anderen zu bedauern, so macht man
sich in der Tat etwas vor.

*So gibt man den Ideologien immer noch den Vorrang. Und
Ideologien sind heute nur noch dazu da, Hegemoniebe-
strebungen zu legitimieren.*

Gewiß, die UdSSR und die USA sind wohl allmählich zu
einem fatalen Paar geworden. Der Rüstungswettlauf ver-
bündet sie. Das habe ich übrigens schon in *L'Insécurité
du territoire*, meinem ersten Buch, geschrieben. Seiner-
zeit sprach man von der Eskalation des Vietnam-Kriegs
und danach von der Eskalation des Atomkriegs. Ich habe

behauptet, daß das Moskauer Abkommen – das erste
SALT-Abkommen zwischen Nixon und Breschnew – eine
Eskalation darstellt , und das hat sich dann als richtig
erwiesen. Was hat SALT I gebracht? Die Steuerungssy-
steme wurden präziser, die Sprengköpfe wurden verklei-
nert und vermehrt. Anders gesagt, mit SALT I, dem Abkommen zum Abbau und zur Beschränkung der Rüstung,
hat man die Kriegsmaschine nur noch mehr perfektioniert,
und zwar in außerordentlichem Umfang, denn die Anzahl
der Sprengköpfe wird durch die Präzision noch verstärkt.
Wenn man nun START-Abkommen vorbereitet, in denen
es um den Abbau und nicht mehr um die Beschränkung
der Rüstung geht, scheint mir das darauf hinzuweisen,
daß man in Wirklichkeit eine weitere Perfektionierung der
Kriegsmaschine vorsieht. Die amerikanisch-sowjetischen
Abkommen sind Abkommen zur Perfektionierung der
Kriegsmaschine. *Nur dazu sind sie da,* Punkt. Und die
Verantwortung dafür verbindet beide, die USA und die
Sowjetunion. Keiner von beiden kann sie abwälzen. Die
SALT-Abkommen haben die Rüstung verbessert; die
START-Abkommen werden sie weiter verbessern. Und
die START-Abkommen betreffen vor allem natürlich die
Laser-Waffe. In den kommenden Jahren werden die Laser-
Waffen einsatzbereit sein – viele Informationen aus der
Wissenschaft lassen darauf schließen. Die Laser-Waffe
stellt nun aber eine Revolution in der Kriegspolitik dar,
denn dann wird es keine Frist, keine politische Entschei-
dungsfrist mehr geben. Das muß man meiner Meinung
nach erst einmal klarstellen.

*Die Verkopplung der beiden Imperialismen ist sozusagen
eine nicht-freundschaftliche Übereinkunft, Abschreckung
als abgekartetes Spiel.*

Abschreckung als abgekartetes Spiel, genau. Die Amerikaner, die Sowjets und schließlich auch die Franzosen,
sagen wir einmal überhaupt alle Nuklearnationen, sind
in dieses System verwickelt. Nicht von ungefähr hat die
französische Linke, nachdem sie an die Macht gekommen
ist, *einstimmig* für die Erhöhung des Militärbudgets vo-

tiert. Das geschah zum ersten Mal in der jüngeren Geschichte Frankreichs und will schon etwas heißen.

Was wird unter diesen Bedingungen aus dem Pazifismus?

Die heutige Situation des Pazifismus läßt sich nicht anhand der Gefahren wirklicher Kriege begreifen, etwa: die Russen werden nach Europa einfallen, es wird eine nukleare Konfrontation im Nahen Osten geben etc. Das kann durchaus passieren, aber es interessiert mich keineswegs.

Glaubst du nicht, daß Europa sich strategisch in einer heiklen Lage befindet?

Der Begriff der Geo-Strategie wird wohl bald durch Laser- und noch weit ausgefeiltere Waffen überholt sein. Das Problem liegt nicht mehr in einer Geo-Strategie und offensichtlich genausowenig in einer Geo-Politik. Natürlich besteht noch das Problem der Stützpunkte für die Interventions- und Seestreitkräfte, sowohl im Indischen Ozean als auch an den Grenzen zu China und der UdSSR etc. Man sollte aber Militärstützpunkte und geographische Politik – Geostrategie – nicht in einen Topf werfen. Das wäre genauso, als würde man behaupten, die Parkplätze seien schon die Autobahn.

Die europäische Friedensbewegung, wie sie sich von Deutschland aus entwickelt, wäre dann in Bezug auf die wirklichen Probleme fehl am Platze, d.h. "fehl am Ort"?

Ja. Das wirkliche Problem ist der reine Krieg. Nicht der tatsächliche Krieg, sondern der logistische Krieg. Das eigentliche Problem liegt also darin, sich einer Kriegsmaschine zu widersetzen, also einer *Maschine, die die gesellschaftliche Entwicklung zum Stillstand bringt*. Das Problem liegt nicht in einem früher oder später möglichen Zusammenstoß zwischen Russen und Amerikanern oder zwischen den Blöcken. Natürlich kann es zu einem solchen Zusammenstoß kommen. Aber er ist bei weitem weni-

ger wahrscheinlich als etwas anderes: die innere Kolonisation. Man braucht sich bloß anzuschauen, wie schnell
die Gesellschaften - zumal die östlichen - ausgepowert
werden.

*Ist das Entstehen von Friedensbewegungen mit humanitä-
ren Prämissen nicht schon beinahe anachronistisch? Anachronistisch angesichts dessen, daß mit der nuklearen
Rüstung der Mensch zusehends verschwindet - verschwindet in Augenblicklichkeit und Geschwindigkeit?*

Das Wort "pazifistisch" hat für mich einen Sinn, denn es
ist verknüpft mit einem Glauben, einem anerkannten Glauben, der sich einem anderen Glauben entgegenstellt. Du
weißt, daß ich Christ bin, und als Christ lehne ich den
Glauben an die Atombombe, den atomaren Glauben ab.
Ich glaube an den Frieden Christi. Das ist ebenso eine
mögliche Perspektive wie die Abschreckung, von der wir
gerade gesprochen haben. Zweifellos gibt es in Polen und
Deutschland (protestantische Kirchen) so etwas wie einen Kampf gegen falsche Götter. Diejenigen, die an Gott
glauben, bestreiten die Göttlichkeit der absoluten Waffe.
Und dann können sie vom Frieden reden und sich "fried-
fertig" nennen. Sie könne sich Pazifisten nennen im Namen eines Glaubens, der sich einem anderen Glauben entgegenstellt, dem Glauben an einen Götzen: an die Missiles, und nicht mehr an den Messias. So sehe ich das übrigens auch, doch behaupte ich nicht, daß dies schon politisch sei. Ich bin für die Trennung von Kirche und Staat
und kann mir eine Verquickung beider nicht vorstellen,
ich fände das sogar schrecklich. Die Arbeit an der Politik oder am Transpolitischen wird uns damit nicht erspart.

*Und heißt an der Politik arbeiten nun, nach der Technik
zu fragen? Heißt es, die Thanatokratie, die Herrschaft
des Todes aufzudecken, die im technokratischen Unternehmen am Werk ist?*

Eigentlich sollte man über folgendes diskutieren: über
die Technik und die Kriegsmaschine im Innern der Indu-

striegesellschaft; über gesellschaftliche Entwicklung und Nicht-Entwicklung... Damit will ich nicht sagen, daß die Frage des Heiligen, die jetzt wieder aufkommt, unwichtig ist. Denn auch das ist in Wirklichkeit eine Konsequenz des Nuklearen. Das Nukleare hat uns an den Rand der Apokalypse gebracht, was heute heißt: Ausrottung der Gattung. Es ist nicht verwunderlich, daß die religiösen Glaubensströmungen wieder ihre Banner schwenken – sei es nun der Islam, sei es Israel oder Jerusalem, die "ewige Stadt", oder auch das Christentum. Für mich ist das verständlich, denn ihnen steht ein gewaltiger Abgott gegenüber, den sie nicht anerkennen. Ich bin zwar gläubig, aber ich bin auch politisch. Ich meine, daß man sich auch mit der Technik beschäftigen muß, mit dem Wesen der Technik, wie es Heidegger sagte – und also auch mit dem Wesen des Kriegs, das heißt mit dem Wesen der Geschwindigkeit. Dazu möchte ich noch zwei große Sätze von Sun Tze zitieren:"Schnelligkeit ist das Wichtigste im Krieg." Was für ein Weitblick liegt darin – fünf Jahrhunderte vor Christus! Und der andere: "Der Krieg ist ein Weg der Täuschung." Da haben wir schon das Ideologische und das Versteckspiel, die Telematik und die ganze Leistung audio-visueller Waffen. So sieht die gegenwärtige Lage für mich im großen und ganzen aus. Aber damit rede ich nicht den politischen Militanten das Wort. Ich selbst kann nicht militant sein, sondern bloß ein Späher, ein Auskundschafter.

Auf welche Grundlagen sollen sich die Friedensbewegungen denn stützen, wenn es veraltet ist, sich aufs Humanitäre zu berufen?

Sie müßten versuchen, an der Frage des Todes wiederanzuknüpfen. Denn entscheidend in der nach-monarchistischen Gesellschaft ist schließlich die Ausblendung des Todes. Für die griechische Gesellschaft und die antiken Gesellschaften überhaupt war die Frage nach dem Tod zentral. Es gibt den folgenden Satz Menanders: für die Sterblichen ist die Gottheit das Gewissen. Wir idealisieren das Gewissen, weil wir sterblich sind. Fast möchte ich sagen, daß wir uns an Gewissen und Bewußtsein, an Vernunft und Geschichte klammern, weil wir sterblich sind. Letztendlich ließe sich aus dem Satz Menanders folgern, daß, wenn wir nicht sterblich wären, es kein Gewissen gäbe. Wir haben ein Gewissen und ein Bewußtsein, weil wir sterblich sind. Tod und Gewissen sind miteinander verbunden. Im Wissen um den Tod liegt der Ursprung des Gewissens. Das ist sicher nicht unwichtig. Die ganze Entwicklung des Materialismus, die mit der Industrialisierung, den Naturwissenschaften etc. verknüpft ist, hat uns vergessen lassen, daß wir sterblich sind. Sie hat uns über unseren Status als Sterbliche unbewußt, ja tendenziell bewußtlos gemacht. Für Marx kommt das Bewußtsein immer später, post festum. Zu seiner Zeit beginnt die Dromokratie sich zu entwickeln. Wie in der *Esthétique de la Disparition* möchte ich fast sagen, daß das Ziel des reinen Krieges letztendlich Bewußtlosigkeit ist. Man ist von Geschwindigkeit benommen. Daher gibt es auch kein Bewußtsein vom Akzidens, vom Unfall oder Zufall und das erschreckt mich sehr. Wenn man behauptet, man interessiere sich nicht für das Zufällige, sondern nur für die Substanz, dann antworte ich, daß man sich nicht für den Tod der Gegenstandssubstanz interessiert und so auch kein Bewußtsein vom Gegenstand selbst haben kann. Es gibt einen Satz von Bergson, den ich sehr mag: "Der Tod ist der Zufall *par excellence*." Das würde in der Tat bedeuten, daß wir die Substanz wären und der Tod das Zufällige, das Akzidens. Auf den technischen Gegenstand trifft dies jedenfalls zu. Sein Akzidens, sein Unfall, ist das Bewußtsein, das man davon hat. Hat man kein Bewußtsein vom Akzidens, so hat man auch keines vom Gegenstand. Daher rührt die Krise der Technik.

Wenn der Unfall tatsächlich zur allgemeinen Ökonomie gehört, gehört auch der Tod dazu. Wenn der Tod keine Unterbrechung des Lebens darstellt, sondern ins Leben selbst eingeschrieben ist, muß das Leben in Funktion des Todes neu gedacht werden.

Gewiß. Der Tod ist nicht traurig, er ist das Sein selbst.

Der Tod begründet das Bewußtsein, also auch das politische Bewußtsein.

Wird der Tod heute nicht mehr sichtbar, weil alles schon tot ist, weil wir Zivilisationen des Todes sind?

Damit wären wir wieder bei der Abschreckung. Das gehört zum Diskurs der verallgemeinerten Abschreckung: man ist schon tot, aber man weiß es nicht. Ich hingegen möchte darauf hinweisen, daß *politisch* nach dem Tod nicht gefragt wird. Auch wenn ich *Der symbolische Tausch und der Tod*[24], das Buch von Jean Baudrillard, lese, bin ich enttäuscht: es kommt kein einziger Krieger darin vor. Also schlage ich vor, daß wir wieder nach unserem Status als sterbliche Wesen fragen sollten und uns dann erneut dem reinen Krieg stellen könnten.

Die Abschaffung der Todesstrafe ist eine politische Antwort auf die Frage nach dem Tod. Gibt diese Antwort nun die Frage nur zurück oder bringt sie diese zum Verstummen?

Als man in Frankreich vor sechs Monaten die Todesstrafe abgeschafft hat, war ich erschrocken. Nicht etwa, weil ich die Todesstrafe befürworte, sondern weil sie das letzte noch bestehende Band zwischen dem Politischen und dem Tod darstellte. Das Politische (und zwar nicht nur als politisches Denken, sondern auch als Verwaltung und Staat) löst sich allmählich von der Frage des Todes ab. Der letzte Punkt, an dem der Tod und das Politische aufeinander bezogen waren, war die Todesstrafe. Der Politiker gab den Tod qua Gesetz. Die Abschaffung der Todesstrafe ist nun insofern irgendwie *dramatisch*, als damit gleichzeitig – sozusagen von Staats wegen – die Frage des Todes abgeschafft wird. Staat, Justizministerium und Richter entschieden über den Tod und damit auch über seine praktische Exekution durch Guillotine, Strang, elektrischen Stuhl etc. Sobald man die Todesstrafe abschafft, steht das Politische in keinem Bezug zum Tod mehr. Fertig, aus. Der Tod kann nicht mehr gedacht,

nicht mehr verstanden werden. Ich wünsche nicht, daß
man die Todesstrafe beibehält, sondern daß man sich an-
läßlich der Abschaffung der Todesstrafe endlich dafür
interessiert, was individueller und kollektiver Tod in einer modernen Gesellschaft heißt.

Der Tod oder vielmehr das Bewußtsein, das man davon
haben kann, verschiebt sich. Gerade dann aber, wenn
man ihn stillschweigend übergeht, nimmt er die spektaku-
lärsten Formen an.

Ja, da gibt es Verschiebungen, was wiederum der Technik, den Unfällen geschuldet ist: wenn man sich die 15000
Toten auf den Straßen Frankreichs vor Augen führt, so
sind das mehr als im Libanon-Krieg, und niemand schert
sich darum.

Zugleich ist die Todesstrafe auch ein Anachronismus, ein
Überbleibsel der Monarchie.

Sie ist ein Überbleibsel vom politischen Bewußtsein des
Todes. Man war König, Staatschef oder Feldherr, weil
man einen Bezug zum Tod hatte, der im Gesetz verankert war. Als Königsmörder bekam man den Tod, und als
König gab man - juristisch gesehen - den Tod. Sobald
man sich nun im Verhängnis-Staat, im Staat der Fatalitäten, nuklearer oder anderer, befindet, befindet man sich
auch vor einem Gesetz, das nicht mehr anerkannt und erkennbar ist, sondern auf fatale Weise diffus.

Das Gesetz braucht nicht mehr geschrieben zu sein,
denn es wird überall gemacht. Man braucht die Leute
nicht mehr einzukerkern, man läßt sie verschwinden. Das
Gesetz verschwindet, indem es sich überall verbreitet.
Und weil es abwesend ist, hat es immer recht.

Ein solches Gesetz ist kein Gesetz im politischen Sinne
des Wortes mehr: ein Gesetz, welches das Politische um-
geht, ist kein Gesetz mehr, sondern ein Mythos von Gesetz. Das ist fatal. Das Verschwinden des Gesetzes gehört
schon zum Transpolitischen.

126

Und doch kehrt der Tod wieder. Nicht so sehr im Politi-
schen, wo man sich schon etwas einfallen läßt, um davon
abzusehen, sondern dort, wohin man den Tod verbannt
hat: in den Krankenhäusern z.B.

Der Tod kehrt wieder: in der Medizin und der ganzen Diskussion, die es unlängst über das Aufwachen aus dem
Koma und die therapeutischen Bemühungen gab, über die
Frage, wann man weiß und sagen kann, daß ein Mensch
tot ist. All das ist z.B. wichtig für Erbschafts- und Be-
stattungsfragen etc. Und seltsamerweise kommen die
größten Anstrengungen auf diesem Gebiet von Wissen-
schaftlern und Medizinern, die wissen wollen, ob die
Nullinie im Elektroenzephalogramm (EEG) einen besseren
Beweis für den Tod liefert als das Aussetzen der Herz-
schläge. Man erinnert sich an den Fall jener Frau, Karen
Quinlan, die man schon aufgegeben hatte und die 5 Jahre später noch am Leben war. Es gibt da die erstaunlich-
sten Dinge bei dieser großen Unterbrechung, dem Tod.

Deshalb sind kürzlich wohl auch Philosophen an amerika-
nische Krankenhäuser berufen worden, damit sie den Ärz-
ten etwas Verantwortung abnehmen. Eine wissenschaft-
liche Definition des Todes genügt offensichtlich nicht
mehr. Man sieht sich genötigt, ihr eine moralische Bewer-
tung hinzuzufügen. Auf diese Weise wird die Erfahrung
des Todes wieder ins gesellschaftliche Bewußtsein ge-
rückt. Man muß die Unterbrechung sichtbar machen und
zugleich deren Wirkungen abschwächen. Bezeichnend da-
für sind die Arbeiten von Kübler-Ross über die vier Pha-
sen, die der Sterbende durchlaufen muß (wie bei Freud
das Kind!), bevor er schließlich aufgibt. Das Gesetz ver-
schwindet zwar, aber es taucht woanders wieder auf.

Mir scheint es regelrecht ein Skandal, daß allein Medizi-
ner mit dem ethischen Problem konfrontiert sind, was es
mit dem Tod auf sich hat. Warum beschäftigen sich die Politiker nicht damit? Warum wird in der Nationalversammlung
oder im Forschungsausschuß des Senats nie über die Frage
diskutiert, wie nun unsere Beziehung zum Tod aussehen soll?

Die Beziehung zum Tod ist keine einheitliche mehr, denn wir besitzen nurmehr einen fragmentierten Körper. Man kann Prothesen anfertigen und Organe übertragen. Es gibt Totes im Lebendigen und Lebendiges im Toten. Wenn es nun keine körperliche Identität mehr gibt und kaum noch eine persönliche, stehen wir damit nicht schon vor einem unlösbaren Problem?

Ja, und deshalb gibt es nichts Politisches mehr. Politisch war eine Interpretation des Todes, die sich von der militärischen unterschied. Der Tod ist normal, der Soldat nimmt ihn völlig auf sich, ja er gründet seine Karriere auf ihn, auf Henker und Opfer. Der Zivilist stand demselben Problem gegenüber wie der Angehörige des Militärs und zog daraus andere Lehren und Gesetze. Das hat zur Dichotomie zwischen Militär und Zivil geführt. Sobald das Zivile (das Politische) sich wieder vom Tod ablöst, ihn negiert und nichts mehr dazu zu sagen hat, verfällt man gänzlich seiner militärischen Interpretation. Man fällt in die Hände des Militärs, das folglich zum falschen Priester des Todesritus wird und darin seines Amtes waltet.

Mit anderen Worten: Philosophie oder Therapie sollen dann den Mangel an ziviler Verantwortung kompensieren.

Ja, daß die Politiker den Tod nicht mehr in Betracht ziehen, bringt sie gegenüber den Militärs ins Hintertreffen.

Du hast gesagt, es sei nicht Aufgabe des Politikers, den Tod zu analysieren. Was ist seine Aufgabe denn?

Mit der Analyse des Todes beschäftigt sich der Arzt: Autopsie und Röntgenbild, Nullinie im EEG und Aussetzen des Herzschlags - das sind Dinge, die mit der Analyse des Todes "auf dem Seziertisch" zu tun haben. Die Arbeit des Politikers sieht anders aus. Sie hat mit einem Begriff von Zeitlichkeit zu tun. Wenn unsere Zeit, die erlebte Zeit, durch Unterbrechungen organisiert wird, so organisiert der Tod schließlich auch die soziale Zeitlichkeit. Nicht von ungefähr wurden früher die Gesellschaften durch Todesriten, Ahnenkulte etc. reguliert. Die Arbeit des Politikers ist also ausgesprochen wichtig. Heute wie gestern, doch aufgrund der Technologie auf eine andere Weise, besteht sie darin, auf Unterbrechungen hinzuweisen, auch auf die Unterbrechung des Todes. Und gerade nach dieser Unterbrechung müssen wir fragen, wenn wir sie irgendwie organisieren wollen.

Die Industriegesellschaften haben die Frage des Todes umgangen. Triffst du dich in gewissen Positionen nicht mit Georges Bataille? Bataille befürwortet die Todesstrafe. Denn nachdem der Tod aus dem Bewußtsein verschwunden war, meinte er, daß er irgendwo wieder erscheinen müßte. Zumindest müßte die Unterbrechung, der Riß sichtbar bleiben. Statt dessen errichtete man z.B. auf dem Place de la Concorde verschämt eine Pyramide dort, wo der Kopf von Louis XVI in den Korb rollte.

Ich bin nicht für die Todesstrafe, ich bin für den Tod, das ist ein Unterschied. Für mich ist der Tod nicht negativ. Jeder ist mit der großen Unterbrechung konfrontiert, die der Tod darstellt. Auch die Gesellschaft ist mit dieser Unterbrechung auf eine banale Weise konfrontiert.

Banal und zugleich panisch.

Ja, jedoch umso panischer, je mehr man ihr den Rücken kehrt.

Daniel Cohn-Bendit hat mir gegenüber neulich recht scharfsinnig geäußert, daß man in der Vorbereitung der Anti-Atom-Kampagne den Leuten bloß nicht Angst machen dürfe. Auf dieser Angst beruht schon die kapitalistische Gesellschaft.

Selbstverständlich, bloß nicht.

Irgendwie muß der Tod wieder ins gesellschaftliche Bewußtsein kommen, und deshalb muß man sorgfältig vermeiden, dem einzelnen Angst zu machen.

Ob der Tod nun wissenschaftlich erkannt wird oder von Philosophen und Politikern, ist mir gleich. Man muß den Tod erkennen. Man muß ihn als etwas Organisierendes erkennen. Er ist nicht etwas, das zu verdrängen ist, das in eine totale Sackgasse führt, nicht etwas, das zu nichts nutze ist, worüber man lieber nicht spricht.

Bei Freud sind die großen gesellschaftlichen Zusammenhänge vom Todestrieb beherrscht.

Die Geschichte der Religionen ist ohne den Tod undenkbar. Deshalb behaupte ich, daß mit der Unterbrechung am Sonntag, Sabbat oder Ramadan die Zeitlichkeit organisiert wird. Das bedeutet nicht unbedingt, Gottesdienst zu halten: Gott existiert schon mit der zeitlichen Organisation. Nicht zufällig spricht man von Ewigkeit. Gott ist das, was nicht vergeht und sich zeitlich nicht einordnet. Die Zeit organisieren wollen heißt also nach Gott fragen. Eine Chronopolitik wird sich wohl oder übel darauf einlassen müssen. Die Geopolitik entstand aus dem Kultus der Mutter Erde (Alma·Mater). Eine natürliche, bloß physische Beziehung zur Erde war heidnisch. Die Chronopolitik ist etwas völlig anderes. Sie ist an einen anderen religiösen Raum gebunden: an den Kult von Zeitlichkeit und Immaterialität. Und hier stellt sich dann die Frage nach Gott – ich betone: *die Frage*, denn eine Antwort gibt es nicht. Diese Frage kann man ebensowenig wie die Frage nach dem Tod auslöschen. Man kann nicht mit Berufung auf den Materialismus sagen, daß es den Tod nicht gibt und daß darin nicht unser Problem liegt. Ebenso absurd ist es zu sagen, daß es Gott nicht gibt. Das ist heidnisch, das ist Paganismus. Es läuft darauf hinaus, daß man sich nur an das klammert, was wirklich materiell, wirklich solide, haltbar und sichtbar ist. Was für eine Illusion! Alle Wissenschaften beweisen uns, daß das nicht stimmt, daß das, was ist, nicht ist und daß ich meinen Augen nicht trauen kann. Wir leben in einer Gesellschaft, in der man seinen Augen nicht mehr trauen kann, in der man nicht mehr glauben kann, daß Materie und physische Anwesenheit wirklich sind. Die Hologramme zeigen es uns, lassen es uns gewissermaßen mit Händen greifen. In dieser Hinsicht erhellt die Wissenschaft vieles. Sie demystifiziert die Materie, und indem sie dies tut, demystifiziert sie auch den Materialismus.

Wenn es nicht Aufgabe des Politikers ist, den Tod zu analysieren, wie willst du die Frage des Todes dann angehen?

Was die Frage des Todes angeht, so befinde auch ich mich sozusagen am Scheideweg. Warum? Weil ich einerseits Christ bin und so nicht an den Tod glaube, sondern an die Ewigkeit der Seele. Und andererseits will ich mich dieses Glaubens nicht gegenüber denen bedienen, die ihn nicht teilen. Denn schließlich ist ein Glaube nicht instrumentell einsetzbar: so etwas wäre der schlimmste Glaube überhaupt, ein Glaube, aus dem heiliger Krieg, religiöser Terrorismus etc. entstanden sind. Wenn ich nun auf den Tod zurückkomme, so komme ich aufs Verschwinden zurück, auf die Vollendung, auf das Ende und auf die Tatsache, daß was ist, auch wieder aufhören wird, d.h. auf die Unterbrechung. Daher kommt auch die Beschäftigung mit der Piknolepsie, dem kleinen Tod etc. Ich gehe den Tod also sowohl physisch als auch metaphysisch an. Zwar habe ich hiermit beim Schreiben ein wenig Probleme, denn ich kann nicht verhehlen, daß ich Christ bin (und warum sollte ich's auch? es gehört zu mir); andererseits möchte ich diesen "Vorteil" aber auch nicht ausnutzen, wenn ich Probleme anschneide, die Gläubige und Ungläubige gleichermaßen angehen.

Du sagst, daß man die Frage nach Gott nicht angeschnitten hat.

Der Tod Gottes – ich beziehe mich hier auf Nietzsche – ist ein Greuel der Verwüstung in der jüngeren Geschichte.

Ein Greuel der Verwüstung?

Das ist ein biblischer Ausdruck. Nicht Gott ist tot, sondern die Frage nach Gott ist aus der jüngeren Geschichte verschwunden. Nach Nietzsche hat man erst Gott abgeschafft und dann auch die Frage nach Gott, was zum Materialismus, zum historischen Materialismus etc. geführt hat.

Stellt sich über den Umweg der Ethnologie nicht erneut die Frage nach Gott?

Allerdings. Sie kommt wieder, wenn man auf primitive Gesellschaften stößt, für die der Tod zentral ist. Und in dieser Hinsicht fühle ich mich den agrarischen Gesellschaften näher als meinen Zeitgenossen. Vorrangig drehen sich die Fragen dort um Tod, Wissenschaft, Politik und Krieg (hier denke ich an Pierre Clastres). Ich habe meine Jugend in bretonischen Bauernfamilien verbracht, in denen – obwohl sie christlich waren – allabendlich am Herd über Mythen, große Erzählungen des Heidentums und über den Fuhrmann des Todes gesprochen wurde (der Tod war ein Karren, den man kommen hörte und der einen mitnahm). Das Fahrzeug ist also ein Todesfahrzeug, was man z.B. auch in *Orphée* von Cocteau findet: die Polizisten auf den Motorrädern.

In der Tat ist unsere Gesellschaft eine der wenigen, welche die Frage des Todes verbannt haben. Nicht zuletzt hat auch das Industriezeitalter dazu beigetragen. Es ist ihm sogar gelungen, sie zum Verschwinden zu bringen.

Auch das gehört zur "Beseitigung" Gottes, denn die Frage nach dem Tod und die Frage nach Gott sind ein und dieselbe. Es geht ums "Ende", ums "Ziel". Wäre der Mensch unsterblich. mit Körper und Seele unsterblich, so wäre er Gott. Doch da er nicht unsterblich ist, verschiebt sich die Frage nach der Unsterblichkeit. Damit ist sie nicht ausgeräumt, nur verschoben. Und darin liegt, wie ich finde, ein Greuel der Verwüstung. Das ist grundfalsch. Mein Vater war Kommunist. Er war nicht gläubig, obwohl er wie die meisten Italiener getauft war. Doch als er starb, war es für mich ein einschneidendes Ereignis.

Man hat ihn weggeräumt wie Abfall, das konnte ich nicht mitansehen.

Sollte man die Frage nach Gott nicht über die Frage des Glaubens wiederaufwerfen und dabei auch die Glaubensformen anderer ,traditioneller Gesellschaften miteinbeziehen?

Die Frage nach Gott umfaßt viel. Der absolute Tod, der durch die Atomwaffe möglich wird, führt wieder zur Frage nach Gott zurück. Nunmehr ist es nicht nur einem Individuum, einer Gesellschaft oder einer Zivilisation möglich, sich umzubringen, sich den Tod zu geben, sondern auch der ganzen Gattung. Damit erhalten die ethischen Probleme eine andere Dimension.

Über den nuklearen Unfall ist der Mensch wieder auf die Frage nach Gott gekommen?

Gott ist durch die Tür des Schreckens in die Geschichte zurückgekehrt.

12

Pazifismus, Friedensbewegung
und
die Regression des Politischen

Die amerikanische Friedensbewegung --- Wissenschaft als Kriegsmaschine --- Frieden als Krieg --- Das Leben neu erfinden --- Metabolische und technologische Geschwindigkeit --- Seßhaftigkeit und Deterritorialisierung --- --- Marxismus und statistisches Denken --- Transpolitik

---

Kommen wir auf die Friedensbewegung zurück. Sie entwickelt, wie gesagt, einen Widerstand, der irgendwie "deplaziert" ist, wenn man ihn auf die Logistik bezieht, d.h. auf das, was tatsächlich auf dem Spiel steht. Andererseits geht diese Bewegung paradoxerweise von Europa aus, das, wenn man die chronopolitische Dimension der Nuklearwaffen in Betracht zieht, nicht wirklich an vorderster Front steht. Würde sich eine Friedensbewegung in den Vereinigten Staaten entwickeln, also im Zentrum des westlichen wissenschaftlich-militärischen Komplexes, so hätte sie zweifellos eine ganz andere Bedeutung. Vor allem, wenn sie sich nicht auf rein moralische oder humanitäre Gesichtspunkte beschränkt, sondern wenn sie politisch an die wissenschaftliche Kriegsmaschine herangeht.

Das wäre wirklich eine völlig neue Form des Widerstands, die Zukunft hätte. Daß es zwischen der europäischen und amerikanischen Friedensbewegung so wenig Information gibt, daß man sich so wenig zusammentut, hat mich lange gewundert. Ich selbst habe mit Raymond G. Hunthausen, dem Erzbischof von Seattle, Kontakt aufgenommen. Als einer der ersten hat er, glaube ich, in seiner Pfarrei eine Zahlungsverweigerung initiiert: der Steueranteil, der zur Rüstung verwendet wird, wurde einbehalten (das gehört zum religiösen Pazifismus). Ohne jeden Zweifel sind die militanten amerikanischen "Pazifisten" im Zentrum des Apparates, im Zentrum des Problems.Da sie ausgezeichnet über die Kriegsmaschine informiert sind, befinden sie sich in der besten Ausgangslage. Sie verfügen über Informationen, die es nirgendwo sonst gibt, jedenfalls nicht in Frankreich. In Frankreich ist es sehr schwierig, an neue Informationen heranzukommen, während in den Vereinigten Staaten alles publiziert wird. Von Rußland ganz zu schweigen. Dort gibt es überhaupt keine Informationen. Gegen den reinen Krieg kann nur Widerstand geleistet werden mit Informationen aus erster Hand.

Außerdem würde ein Widerstand gegen den reinen Krieg nicht mehr unmittelbar beeinträchtigt werden durch Ereignisse wie in Polen, denn er würde nicht mehr auf Ideologien setzen.

Gewiß nicht. Das schließt übrigens nicht aus, daß innerhalb einer solchen Friedensbewegung mehrere Ebenen vorhanden sind. Ich bezog mich vorhin auf Glaubensströmungen im allgemeinen. Wichtig ist, daß es innerhalb der Bewegung tatsächlich eine religiöse Ebene gibt. Denn auch das Nukleare hat eine religiöse Dimension. Hierbei denke ich etwa an den Hang zum heiligen Krieg,der sowohl bei Christen wie bei Moslems wieder durchkommt. Das ist das Religiöse an der Abschreckung. Es hat Zukunft. Eine andere Ebene der Friedensbewegung ist militanter und traditioneller. Sie hat mit alltäglichen Widerstandsformen zu tun, mit der Opposition gegen Polizeigewalt und Repression. Auch darin finden sich direkte und indirekte Auswirkungen der Abschreckung. Ich denke dabei an die neue Technik des Verschwindenlassens,die allmählich die Gulags ersetzt. Daß man Personen verschwinden läßt, entspricht dem, was wir über das Verschwinden der Stadt gesagt haben. Was war ein Gulag? Er war eine Art Anti-Stadt, die irgendwo da war, die in irgendeinem Territorium lag, den Blicken entzogen.

Das war immer noch Geopolitik.

Immer noch Geopolitik. Der Gulag ist eine Stadt – ein Belagerungszustand, könnte man sagen, der dazu eingerichtet ist, die Leute aus ihren normalen sozialen Beziehungen zu reißen oder sie verschwinden zu lassen, nachdem man sie umgebracht hat. Der Gulag zeigt noch deutlich den totalitären Charakter einer Gesellschaft. Das Verschwindenlassen kommt allerdings einer Aufhebung des Belagerungszustands gleich. Man hat nichts mehr damit zu tun.

Ort und Person verschwinden.

Ort und Person verschwinden gleichzeitig. Darin liegt etwas modernes. Staatsbürgerschaft, Rechtsstaatlichkeit, Vorladung vor den Untersuchungsrichter etc. werden damit umgangen. Mittlerweile scheint diese Technik des Verschwindenlassens sich offenbar in der ganzen Welt durchzusetzen. Es ist leichter, einen nach dem anderen oder auch zehn oder tausend Menschen verschwinden zu lassen, als Millionen in Lager einzusperren, wie es im Nazi-Deutschland der Fall war.

Verschwindenlassen als neue Repressionsmaßnahme.

Am meisten interessiert mich an der Friedensbewegung etwas, was allerdings nicht unbedingt das wichtigste ist: die Opposition gegen die Wissenschaft als Kriegsmaschine. Die Fortschrittsgläubigkeit der Wissenschaft scheint mir eine *fatale* Ideologie zu sein. Das Wesentliche am Widerstand ist für mich also eine Analyse von Wissenschaft und Technik als Kriegsmaschine (technischer und wissenschaftlicher Überraschungsangriff). Das heißt nicht, daß ich mir eine ökologische Regression erhoffe – Erbsenanbau, Schafszucht, Schimmelkäse etc. –, nein, sondern es heißt, daß unser Horizont technisch ist. Die Technik ist unser Ort oder unser Un-Ort, wenn man so will. Ihn gilt es zu erobern. Der technische Kontinent ist ein Mond, auf dem man endlich landen muß; man darf nicht länger glauben, die Technik sei ein Werkzeug, ein Instrument, dessen man sich bedient und mit dem man machen kann, was man will.

Die Technik ist nicht neutral.

Sie ist nicht neutral, sie ist ein schwarzer Kontinent.

Eine Friedensbewegung, die konsequent wäre, würde sich vielleicht strategisch auf den Glauben stützen, aber zugleich müßte sie bestrebt sein, sich ein Verständnis der Technik wieder anzueignen.

Das heißt, wieder ein politisches Verständnis entwickeln (jenseits der Transpolitik, d.h. der Vermischung von militärischem und gesellschaftlichem Denken), und zwar mithilfe eines neuen Verständnisses der Technik im umfassenden Sinn.

Alle ideologischen Abschreckungsraster verhindern ein politisches Verständnis der Technik, tragen also gewissermaßen zur Vorherrschaft des Militärs bei.

Gerade darin liegt die Abschreckung. Sie liegt im neutralen (bestenfalls neutralen, schlimmstenfalls "positiven") Charakter der wissenschaftlichen und technischen Entwicklung. Ich glaube, dies wird weitgehend vernachlässigt, es müßte aufgedeckt und enthüllt werden. Die Pazifisten der 30er Jahre wehrten sich noch gegen einen wirklichen Krieg, einen Krieg, der mit seiner praktischen Durchführung identisch war. Die heutigen Pazifisten wehren sich gegen einen tendenziellen Krieg, d.h. *einen Krieg, der den Krieg vorbereitet*. Kein hypothetischer Krieg mehr, der irgendwann erklärt wird, sei es in Frankreich, in China oder sonstwo, sondern ein Krieg, der in seiner wissenschaftlichen und technischen Vorbereitung besteht.

Der Friede als Krieg.

Der Friede als Krieg, als endlose Vorbereitung, wodurch
die Gesellschaften ausgezehrt und möglicherweise ausgeschaltet werden. Damit haben wir die Apokalypse. Sie
kann sich jederzeit ereignen, doch wichtiger noch ist,
daß die Apokalypse in der Entwicklung selbst angelegt
ist, in der Entwicklung von Waffen, wodurch die Gesellschaft selbst stagniert.

Man müßte sich mit dem Tod beschäftigen, und dann das
Leben neu erfinden.

Genau. Politik im antiken Sinne des Begriffs, ist nie etwas anderes gewesen. Politik, im Sinne der griechischen
Polis, der griechischen Stadt, war eine gewaltige Erfindung. Man hat das Leben dem Tod abgerungen, der Beziehung zum Tod, dem Bewußtsein vom Tod. Es war ein Leben,
das seinen eigenen Status besaß, den des Staatsbürgers,
das seine eigene Ideologie, seine eigene Kultur besaß und
seine eigene Intelligenz, die Philosophie. Man entriß dem
Tod aus der barbarischen Vorzeit nicht eine Lebensform,
einen way of life, wie man heute sagt, sondern ein Leben.
Die Politik hat ein Leben geprägt, fast könnte man sagen
ein Leben "eingeweiht". Und eben das ist die Funktion des
Politischen. Daß die Armen Geld erhalten und die Reichen
weniger mächtig sein sollen, ist klar; dafür gibt es verschiedene Rezepte. Das Problem aber ist: welches Leben?
Auf den Mauern von Belfast habe ich im Sommer ein Graf-
fiti gesehen: "Gibt es ein Leben vor dem Tod?" Das hat
mich frappiert, denn es hängt ganz und gar mit dem Zeitalter der Abschreckung zusammen: auf kurz oder lang
negiert die Abschreckung das Leben vor dem Tod. Man
braucht nicht mehr zu sterben, man ist tot bei lebendi-
gem Leibe.

Wie kann man das Leben neu erfinden, politisch und stra-
tegisch gesehen?

Die Frage des Lebens und des Todes sind große philoso-
phische Fragen. Man identifiziert das Leben natürlich mit
einer biographischen und historischen Dauer, allerdings
einer mikro-historischen – mit der Zeit eines Individuums

zwischen Geburt und Tod. Das ist eine historizistische Vorstellung vom Leben. Kann man sich das Leben nicht auch anders vorstellen? Ist Leben nicht auch eine Frage der Intensität? Hier liegt das Problem. Geht es darum, achtzig Jahre zu leben oder vierzig Jahre intensiv? Dabei spreche ich von der Intensität in einem anderen Sinne als vorhin. Nun verstehe ich darunter, daß man experimentieren kann. Was heißt es, einen Tag intensiv zu leben? Hier läßt sich die Relativitätstheorie gewissermassen mit Händen greifen: Ein Tag kann tausend Jahre sein und tausend Jahre ein Tag. Ein Intensitätsverhältnis, das noch nicht politisch erfaßt worden ist. Man hat das Leben mit seiner Dauerhaftigkeit in Verbindung gebracht, mit seiner langsamen Entwicklung, seiner Vermehrung durch die Erzeugung von Kindern und Reichtum, mit der Anhäufung von Erbe und Erben, von Land und Ländereien – d.h. man hat es in einer extensiven Dimension gedacht. Könnte und sollte man sich nicht auch einmal vorstellen, was ein intensives Leben wäre? Am Leben sein heißt lebendig sein. Lebendig sein heißt Geschwindigkeit, heißt Lebhaftigkeit. All das sind Fragen für uns. Ich habe hier einen Konflikt aufzudecken versucht, einen Konflikt zwischen metabolischer und technologischer Geschwindigkeit, zwischen der Geschwindigkeit des Lebendigen und des Toten. Geschwindigkeit des Toten z.B. im Auto, im Telefon, in den audio-visuellen Medien, den Missiles. Auch metabolische Geschwindigkeit des Lebendigen und technologische Geschwindigkeit der Abschreckung bilden ein Gegensatzpaar. Politik müßte versuchen, die Grenzfläche zwischen beiden zu analysieren. Denn sonst wird eine tödliche Verbindung entstehen, wie ich es in *Esthétique de la disparition* aufzuzeigen versucht habe. Durch das Audio-Visuelle, die subliminalen Effekte etc. wird einem in atemberaubender Geschwindigkeit das Bewußtsein genommen. Das Audiovisuelle ist eine Waffe, die gerade das Bewußtsein aufs Korn nimmt. Nach Brillen und Hörgeräten jeder Art gibt es nun so etwas wie eine Prothese für die Lebendigkeit, die Lebhaftigkeit des Bewußtseins. Seltsamerweise ist der Begriff der Geschwindigkeit bei der Entwicklung des Wissens übergangen worden. Wenn man die Geschichte der Menschheit von der Geschwindigkeit her betrachtet – von beiden Geschwindigkeiten, der metabolischen und der technologischen –, so erscheint die Entwicklung der Gesellschaften in einem neuen Licht. Das kann uns helfen, vergangene Gesellschaften zu analysieren, und auch unsere eigene: als Un-Gesellschaft, als Gesellschaft, die nicht mehr im Werden ist.

Das Entscheidende spielt sich mittlerweile im Weltmaßstab ab, und doch denken wir gleichzeitig immer noch geopolitisch: wir sprechen von Deutschland, von Europa, von einer neuen Friedensbewegung in den Vereinigten Staaten... Wie lassen sich relativ traditionelle Formen politischer Aktivität vereinbaren mit dem "Beschleunigungszustand" einer Zivilisation, die ihrem eigenen Tod in die Arme läuft?

In jedem Zeitabschnitt überlagern sich verschiedene Epochen. Wir wissen sehr wohl, daß wir zur Zeit zugleich im Atomzeitalter leben und im Steinzeitalter, tief im Gebiet des Amazonas oder bei den australischen Aborigines. Was ich sage, wischt das nicht einfach vom Tisch. In der Welt koexistieren die unterschiedlichsten Lebensweisen, von "primitiven" über "klassische" bis zu den Lebensweisen "von morgen". All das ko-existiert, das will ich gar nicht bestreiten. Meine Rede bekommt immer leicht einen etwas absoluten Anstrich: ohne es zu wollen, identifiziere ich mich mit dem, was ich denunziere. Zentral für mich ist die Frage des Ortes. Irgendwie – es ist an der Zeit, es einmal zu sagen – wird der Ort in Abrede gestellt. Die alten Gesellschaften bildeten sich, indem sie ihre Territorien einteilten und bewirtschafteten. Ob im Maßstab von Familie, Gruppe, Stamm oder Nation – das Gedächtnis bestand in Grund und Boden, Erbschaft bestand in Grund und Boden. Politik wurde begründet, indem Gesetze nicht nur *auf* Tafeln geschrieben, sondern auch *in* eine Stadt, eine Region oder eine Nation eingeschrieben wurden. Dies wird heute jedoch durch die Technik angefochten und widerlegt. Keiner der soge-

sogenannten großen Politiker ist zur Zeit in der Lage, die Moderne, über die wir hier zu sprechen versuchen, anzugehen. Kein einziger. Alle benutzen sie Argumente und Argumentationen, die aus dem 19. Jahrhundert stammen. Das Problem liegt für sie immer noch in der territorialen Einschreibung, d.h. sie negieren das Faktum der Technik. Denn Technik bedeutet, wie Gilles Deleuze es gesagt hat, De-territorialisierung. Nicht zufällig heißt mein erstes Buch (ich hatte Deleuze damals noch nicht gelesen) *L'Insécurité du territoire*. Die Deterritorialisierung ist *die* Frage am Ende des Jahrhunderts.

Was kommt also nach der Einschreibung von Gesetzen, Pflichten und Statuten in den Raum? Kann das Politische sich in jenem absoluten Nomadentum neubegründen, das am Horizont der Technik auftaucht? In welcher Weise kann bei einer unbegrenzten Deterritorialisierung politisch überhaupt noch eingegriffen werden?

Sicherlich ist die Frage nach der Seßhaftigkeit hier zentral, und auch das Verhältnis zur Intensität. Diese Frage habe ich in "La résistance révolutionnaire" aufgeworfen, dem zweiten Kapitel von *Défense populaire et luttes écologiques*. Und da hat die Frage des Politischen ihren Ort, wenn das Politische noch eine Zukunft hat.

Was gar nicht so sicher ist?

Was gar nicht so sicher ist. Wenn aber das Politische keine Zukunft hat, dann können wir einpacken. Das heißt, daß der Staat die Welt ausgelaugt und ausgepowert haben wird (der Staat im Sinne des absoluten, reinen Staats, der sich auf die absolute Waffe gründet, auf die Göttlichkeit der absoluten Waffe etc.).

Zumindest an diesem Punkt läuft das Politische nicht mehr über Ideologien.

Jedenfalls für mich nicht, das steht fest. Es ist im Augenblick nicht so genau auszumachen. Man steht vor einer ausgesprochen apokalyptischen Situation, die alle Grenzen und Raum-Konstellationen weit überschreitet. Was wir eben von der Einschreibung in den Raum, in die räumliche Konstellation sagten, trifft auf jede Konstellation zu, auch auf unseren Diskurs. Man kann nicht rigoros vorgehen, man kann höchstens Tendenzen aufzeigen. Es gibt einen Satz von Churchill aus den 50er Jahren: "In den früheren Kriegen waren Episoden wichtiger als Tendenzen, in den modernen Kriegen sind Tendenzen wichtiger als Episoden." Anders gesagt: man ist nicht mehr mit Episoden konfrontiert – Vietnamkrieg, Polen, Konflikt zwischen Israel und Ägypten etc. –, sondern man ist mit Tendenzen konfrontiert, mit einer statistischen Sicht der Welt, in der wir verortet sind durch Technologien, durch wissenschaftliche und technische Entwicklungen. Statistische Perspektiven sind jedoch nicht sehr einfach in den Griff zu bekommen. Eine klare Sache ist es z.B., wenn die Russen die Oder überschritten haben und man geht hin und gibt ihnen eins drauf. Aber eine Tendenz – wo begegnet man einer Tendenz? Es ist schon gesagt worden, daß niemand je einer sozialen Klasse begegnet ist. Malraux sagte, das statistische Denken sei wichtiger als der Marxismus. Inwieweit die Statistik das zeitgenössische Denken beeinflußt, weiß man noch nicht. Ich erinnere hier an Vauban, den großen Logistiker, Statistiker und Festungsexperten, auch er ein Militär.

Eines steht zumindest fest: die Politik läuft jetzt über das Nukleare.

Ja, über das Militär, also das Nukleare, denn das Militär ist das Nukleare. Nichts am Nuklearen ist zivil, das versteht sich von selbst. Für viele war das "Transpolitische" eine Vorstellung à la Baudrillard – übrigens versteht er es auch so –, also eine relativ positive Vision. Für mich ist sie total negativ. Es ist die Versuchung des traditionellen politischen Denkens durch das militärische Denken. Punkt! Es liegt nichts Positives darin, wenn ich den Begriff des Trans-Politischen gebrauche.

Es ist nicht das Post-Politische, nicht das Ende des Politische, sondern seine Verseuchung. Das ist durch und durch negativ. Das ist so sehr transpolitisch, daß es überhaupt keine Politik mehr gibt.

13

Die Nord–Süd–Achse

**Das Ende der Ost–West–Konflikte --- Europa wird ausge-
schaltet --- Ein neues Jalta --- Zugang zum Meer ---
--- Budapest, Prag, Warschau --- Walesa und der Papst ---
--- Der Priester bietet dem Krieger die Stirn --- Heiliger
Nicht–Krieg --- Abschreckung und zweites Vatikanisches
Konzil --- Innere Auflösung --- Deutsche und polnische
Pazifisten --- Solidarnošc: Steigerung zum Äußersten ---
--- Der Tod als Waffe --- "Risse im roten Imperium" ---
Paradoxien der sowjetischen "Entwicklung" --- Humanis-
mus und Religion**

---

*Wie sieht für dich die gegenwärtige Lage im Weltmaßstab
aus? Zeichnen sich in den Strategien der Großmächte
neue Tendenzen ab?*

Tendenziell verlaufen die Konflikte nicht mehr über eine
Ost–West–Achse, sondern über eine Nord–Süd–Achse. Man
braucht nur daran zu denken, daß der Ungarn–Aufstand
von der sowjetischen Armee unterdrückt worden ist, der
Prager Frühling vom Warschauer Pakt und die polnische
Gewerkschaftsbewegung von der polnischen Armee selbst.
Hingegen ist die sowjetische Armee in Afghanistan einge-
fallen. Die Ost–West–Spannungen lassen also deutlich
nach und schlagen strategisch um: man überläßt es den
Armeen der Satellitenländer selbst, für die Kontrolle der
inneren Opposition zu sorgen. Für Lenin bestand Strategie darin, die Kräfte am günstigsten Punkt anzusetzen.
Und der günstigste Punkt für die sowjetischen Kräfte lag
offensichtlich auf der Nord–Süd–Achse - Persischer Golf,
Afghanistan, China. Das ist eine andere Achse als die

Ost-West-Achse. In dieser Hinsicht beunruhigt mich die angeblich über Europa schwebende Drohung ganz und gar nicht. Ich glaube nicht, daß Europa von der Sowjetunion bedroht ist. Allerdings werden die Nord-Süd-Konflikte sich künftig verschärfen.

Geht es in diesen Konflikten nicht auch um Energie? Der Persische Golf ist der Transportweg des Erdöls.

Natürlich verläuft der Energietransport über den Persischen Golf, das ist die eine Seite. Zum anderen verschiebt sich die Tendenz aber grundsätzlich. Jede Strategie hat eine Stoßrichtung und verläuft entlang einer Konfliktachse. Geht man der Militärgeschichte nach, so wird deutlich, daß praktisch von Anfang an, seit den Kämpfen zwischen den Staaten im alten China, die Konfliktachse außerordentlich konstant geblieben ist. Sie ist immer eine Ost-West-Achse. Außerdem bildet sie auch den Korridor für die großen Völkerwanderungen. Seit es nun aber die Abschreckung gibt, kippt die Achse offenbar um, sie wird zu einer Nord-Süd-Achse. Afghanistan und Vietnam weisen darauf hin. Die wirklichen Spannungen liegen auf der Nord-Süd-Achse, und dort liegen auch die zukünftigen Konflikte. Und zwar nicht nur, um die Transportwege des Erdöls abzuschneiden, sondern auch weil die Spannungslinien sich verlagern. Das betrifft sowohl die Energieversorgung als auch die Konflikte im Weltmaßstab. Mit den Falklandinseln ist das deutlich geworden.

Die Amerikaner haben bei Afghanistan wesentlich stärker opponiert und einen größeren Druck ausgeübt als bei Polen.

Afghanistan ist für die Sowjetunion das, was die Falklandinseln für England und Amerika sind. Europa fällt da völlig raus. Und zwar vor allem deswegen, weil es seine Kolonien in Afrika aufgegeben hat. Die Kolonialherrschaft Europas hatte sich natürlich über die Nord-Süd-Achse aufgebaut.

Deiner Meinung nach darf man also nicht darauf hoffen, daß sich mit Europa ein dritter Block formieren wird. Heißt das, Europa wird über kurz oder lang als politische Kraft ausgeschaltet?

Auf jeden Fall. Man wird Europa mit der Dritten Welt gleichsetzen.

Denkst du, daß wir bald eine Neuaufteilung der Welt erleben werden – neue Jalta-Verhandlungen sozusagen?

Das erst Jalta wird ein zweites nach sich ziehen und das hat schon begonnen. Die SALT-Abkommen sind die Präambeln dazu. Zwischen Amerikanern und Sowjets wird die Polarisierung wahrscheinlich schwächer, und zwar nicht unbedingt zum Vorteil Europas. Dabei wird natürlich auch China eine Rolle spielen.

Über China haben wir ja nun gar nicht geredet.

Man kann nicht über alles reden.

China liegt mitten auf der Nord-Süd-Achse.

Zwischen China und der Sowjetunion besteht eine weit stärkere Spannung als zwischen der Sowjetunion und Europa, klar. Afghanistan und Vietnam sind Beispiele dafür.

China ist ein großes Territorium.

Ja, aber es hat Zugang zum Meer. Mit der Abschreckung ist die Beherrschung der Meere zum Hauptproblem geworden. Schon die europäische Kolonialherrschaft wurde durch die Seemacht Englands und Frankreichs stark begünstigt. Was aber das Nukleare betrifft und die Deterritorialisierung, von der wir gesprochen haben, so ist man natürlich auf die Nationen scharf, die über ausgedehnte Meeresküsten verfügen. Nicht von ungefähr finden Kämpfe um den Besitz von Inseln statt, nicht von ungefähr

gibt es Söldnertruppen auf den Seychellen und die Sozia-
listen auf der Insel Mauritius.

*Wird eine Geostrategie nicht dadurch, daß es Atom-U-
Boote und Satelliten gibt, völlig unmöglich?*

Unmöglich wird ein Operieren auf der (Erd-)Oberfläche.
Was sich auf einer flüssigen oder festen Oberfläche bewegt, gerät gegenüber dem, was fliegen oder untertau-
chen kann, ins Hintertreffen. Was nun noch von Bedeutung ist, liegt im Meer, unter der Erde oder im Weltraum.
Jede sichtbare Macht ist bedroht.

Die Zukunft gehört dem Verschwinden...

Von jetzt an liegt die Macht im Verschwinden – im Verschwinden im Meer mit den Atom-U-Booten, in der Luft
mit den U-2, den Spionage-Flugzeugen, oder noch höher
mit den Satelliten und Raumfähren. Deren erster militärischer Flug verlief in Nord-Süd-Richtung um die Erde.

*Wir haben viel von Europa und den Vereinigten Staaten
gesprochen, aber sehr wenig von der UdSSR. Ich würde
nun gern etwas näher auf dieses zweite Element des fatalen Verbindung eingehen und zunächst auf Polen zu
sprechen kommen.*

Im November 1980 habe ich zusammen mit meinem Freund
Nanni Balestrini und einem Journalisten von *La Stampa* zu
abend gegessen. Der Journalist kam gerade aus Warschau
zurück und wollte von mir etwas über den Krieg wissen.
Er erzählte mir, was in Polen geschehen war. Es war gerade zuende mit Kania, und Jaruzelski war noch nicht no-
miniert. Er fragte, was ich von der Lage halte. Und ich
antwortete, daß mit Sicherheit die polnische Armee intervenieren werde. Das läßt sich wohl nicht halten, meinte
dieser Journalist, ein Polen-Spezialist, der auch polnisch
sprach. Doch nach einigen Monaten war Jaruzelski nomi-
niert, und ein Jahr später haben die Polen tatsächlich
selbst interveniert. Wie hatte ich das voraussehen kön-

nen? Das war nicht Prophetie, sondern es bestätigte lediglich die Tendenz zur inneren Kolonisation, die sich bei den großen Weltmächten abzeichnete. Die Lage in Südamerika deckt sich da vollkommen mit der Lage auf dem Balkan. Was geschah denn in Budapest? Keine Frage, in Budapest haben die Russen interveniert. Man hat die KGB-Leute aus ihren Politbüros geholt und abgeknallt. Was geschah denn in Prag? Natürlich haben die Russen dabei geholfen, Prag unter Kontrolle zu bekommen, aber dann haben die Truppen des Warschauer Pakts interveniert. Es lag also ganz in der Logik einer inneren Kolonisation und Repression, daß diesmal die sogenannte "Volksarmee" einer Volksdemokratie selbst als Polizei fungierte. Und auch die Verhältnisse im Sowjetimperium laufen über eine solche Auto-Repression. Sie stellt übrigens ein notwendiges Stadium jeder Unterwerfung dar. Anfangs hat man noch Gewalt angewandt, um die Leute zu zwingen. Man braucht sich bloß anzusehen, was man mit den Haustieren gemacht hat. Zuerst hat man sie in Käfige gesperrt, und dann hat man sie gezähmt, d.h. man hat ihnen bestimmte Bewegungen und Gewohnheiten beigebracht. Schließlich hat man sie dazu gebracht, sich biologisch zu verändern. Dasselbe geschieht nun auch bei den Imperialismen. Auf die rein äußerliche Repression, die Kontrolle der Bevölkerung von außen, folgt nach und nach eine indirektere Form der Repression und schließlich eine sehr deutliche, zur Gewohnheit gewordene Auto-Repression. Genau dasselbe ist auch in Polen geschehen. Das einzig Neue liegt da in der polnischen Gewerkschaftsbewegung.

Gibt es eine Beziehung zwischen der deutschen Friedensbewegung und der Entstehung der polnischen Gewerkschaftsbewegung?

Für mich stellt die Gewerkschaftsbewegung eine Form von Bürgerkrieg dar. Der Anarchosyndikalismus benutzte den Streik als Kampfmittel; das war eine militärische Struktur. Anfangs ist die Gewerkschaft ein Stoßtrupp, der den Unternehmern entgegentritt. Das Interessante

an den Ereignissen in Polen war, daß Gewerkschaftsbewegung und religiöser Glaube eine Verbindung eingingen.
Ohne Papst kein Walesa, und ohne Walesa keine Polen-Af-
färe. Eine Gewerkschaft kann nur dann so mächtig werden, daß sie die Partei dominiert, wenn sie sich auf einen religiösen Glauben bezieht. Und das macht gerade
die Stärke Walesas aus. Bei der neuen Dreiteilung, die
sich mit Jaruzelski, dem Krieger, Glemp, dem Priester,
und Walesa, dem Proletarier, herausbildete, bestand die
einzige Veränderung darin, daß diesmal der Priester dem
Krieger die Stirn bot. Denn in Wirklichkeit stand Walesa
für den Priester. Und zwar nicht so sehr als Gewerkschaftler wie als Gläubiger, der vom Papst anerkannt
war. Glemp-Walesa standen auf derselben Seite und Jaruzelski, der Krieger, stand ganz allein. Der Konflikt trat
also zwischen zwei Oberhoheiten auf: zwischen der imperialistischen und militärischen Oberhoheit Jaruzelskis
und dem Katholizismus, einem Imperialismus im kosmi-
schen oder mystischen Sinne. Wenn man nun die jüngsten
Ereignisse betrachtet, den Zusammenbruch im Libanon
und im Iran – wie kommt es dann, daß Armeen, die so
superstark wie die persische oder doch zumindest so
stark wie die libanesische sind, sich plötzlich, von heute
auf morgen, auflösen? Sie haben sich eben von innen her
aufgelöst, aufgrund eines religiösen Konflikts. Es ist
überall das Gleiche. An Polen, einem Staat innerhalb der
Christenheit (ich gebrauche hier übrigens einen Begriff,
der veraltet ist wie alle Verortungen), ist im Vergleich
zum Islam folgendes interessant: Khomeini hat sich für
den traditionellen heiligen Krieg entschieden – die Mul-
lahs hatten ihre Gewehre schon in Anschlag, um sie sprechen zu lassen –, wohingegen Walesa und Glemp zu einem
heiligen Nicht-Krieg aufgerufen haben. Als Streiken
nicht mehr ging, hätten sie genauso gut dazu auffordern
können, zu den Waffen zu greifen. Doch keineswegs. Sie
sagten: nein, wir werden uns nicht schlagen, wir machen keinen Terrorismus. Und so etwas ist wunderbar.
Es gibt auf irgendeine Weise zu verstehen, daß die ökumenische Tendenz im Christentum so etwas wie eine Antwort auf die Abschreckung darstellt. Dadurch können

die Glaubenskonflikte eingedämmt werden. Auf ihre Art stiftete die ökumenische Bewegung Frieden zwischen den drei großen Monotheismen (und ging sogar noch über sie hinaus, denn zu ihr gehören auch Forschungskomitees über Formen des Animismus in Afrika.) Vielleicht hat man das 2. Vatikanische Konzil nie richtig verstanden. Es fiel genau in die Zeit, als in Europa und Rußland die Abschreckungsstrategie einsetzte. Meiner Meinung nach zeigen also die polnischen Angelegenheiten vor allem, wie wichtig die religiöse Frage angesichts der militärischen werden kann. Und die Sowjetunion wird bald vor dem gleichen Problem stehen: wann wird es dort um die religiöse Frage gehen? Denn die sowjetische Stratokratie – die Herrschaft der Militärklasse – kann nur *von innen heraus* "liquidiert" werden. Es handelt sich dabei nicht um eine Massenerhebung gegen die Technokraten, gegen die Fabriken der Rüstungsproduktion oder gegen die Nomenklatura des sowjetischen Kriegs, sondern es geht um eine innere Auflösung. Sie hat Ähnlichkeit mit dem, was sich in Polen abzuspielen begonnen hat. So etwas wäre für das Sowjetimperium äußerst gefährlich. Und deshalb leuchtet mir in gewissem Sinne auch der Unterschied zwischen den deutschen und den polnischen Pazifisten nicht ein. Für mich sind sie friedliebend, sobald sie dem Terrorismus entsagt haben, sogar im Kriegszustand. Sie haben es abgelehnt, zu den Waffen zu greifen. Walesa ist Pazifist. Er will mit dem Streik gewinnen, doch nicht mit dem Gewehr.

Du hast gesagt, daß der Streik eine Waffe ist.

Natürlich ist er eine Waffe, aber du begreifst doch, was ich damit meine? Walesa will nicht hinter die Situation zurückfallen, die er selbst durchgesetzt hat. Irgendwie treffen sich die polnischen Gewerkschaftler da wieder mit den Anhängern der deutschen Friedensbewegung. Auch diese besitzen eine schwer zu ertragende Vergangenheit. Wenn zum einen auf den Polen der Sowjetimperialismus lastet, so trägt zum anderen die junge Generation der Deutschen, unsere Freunde, das ungeheure Gewicht des Nazismus, der für sie geistig noch irgendwie gegenwärtig ist.

Eine Gewerkschaftsbewegung à la Walesa, das ist durchaus keine Gewerkschaftsbewegung, wie sie sich in Europa als gesellschaftliche Mitbestimmung entwickelt hat. Überall sind die Gewerkschaften von einer Kampfwaffe zu einem Versöhnungs-, wo nicht Kooperationsinstrument geworden. Und damit auch das Proletariat.

Die Gewerkschaftsbewegung der "Solidarnošc" ist im grunde genommen keine Gewerkschaftsbewegung. Und deshalb hat sich das ganze auch so zugespitzt. Die polnischen Gewerkschaftler haben sich als Gegenmacht formiert. Praktisch von Anfang an haben sie auf friedliche Weise zum politischen Dialog gedrängt. Nachdem sie so ein Maximum politischer Macht erlangt hatten, haben sie – natürlich indirekt – auch die Armee bedrängt. Als Jaruzelski an die Macht kam, sagte Walesa: "Wir haben unsere Soldaten gern und sind bereit, mit ihnen zu diskutieren." Das einzige, was ich dabei nicht begriffen habe, was aber irgendwie in der Luft lag, ist, warum man die "Solidarität" nicht auch für die Armee vorgeschlagen hat?

Es hat Ansätze in diese Richtung gegeben, Ansätze zu einer nationalen Versöhnung (bei der Feuerwehrschule z.B.).

Ich denke schon, daß sich irgendetwas dieser Art tatsächlich abgespielt hat bei den Treffen zur nationalen Versöhnung zwischen Jaruzelski, Walesa und Glemp. Aber im Unterschied zu Kania hat die Armee den Dialog abgelehnt, einen "Apartido"-Dialog (apartido bedeutet ausserhalb der Parteien, unparteilich. Die Portugiesen haben diesen Begriff benutzt, als sie sagten: wir machen eine Revolution außerhalb der Parteien). "Solidarnošc" machte dasselbe. Man hat sich über die Partei in dem Moment hinweggesetzt, wo diese sich von selbst auflöste und ihre Mitglieder verlor. Man bot auch der Armee den Dialog an, aber sie wollte nicht. Daraufhin haben die

Führer von "Solidarnošč" kurz entschlossen vorgeschlagen, mit den Russen selbst zu diskutieren. Wir haben 10 Millionen Mitglieder, sagten sie, und wir wollen nicht zu den Waffen greifen, wir wollen keinen Krieg. Also werden wir mit den Russen diskutieren – denn mit jedem kann man diskutieren. Es sind Christen, wohlgemerkt! Sie haben eine wesentliche Waffe, nämlich das Jenseits. Das Problem liegt immer wieder in der Beziehung zum Tod. Woher kommt denn die absolute Macht des heiligen Kriegs? Sie kommt daher, daß man den Tod nicht fürchtet. Man glaubt nicht daran, daß die Geschichte mit der Nullinie des EEGs aufhört. Also wird man mit den Russen diskutieren, und notfalls auch mit dem Teufel. Einzig durch eine *solche* Steigerung zum Äußersten kann die Armee zersetzt werden – jedenfalls fällt mir im Moment nichts anderes ein. Um die absolute Macht der Armeen – der Armeen des Warschauer Pakts *und* der Nato – zu liquidieren, sehe ich augenblicklich keine andere Möglichkeit des Widerstands, als an der Frage des Glaubens anzusetzen und wieder die Frage nach dem Tod zu stellen. Das bedeutet nämlich, wieder nach dem Politischen zu fragen. Was bringt das Politische mehr als das Religiöse, wenn es um die Beziehung zum Tod geht? Diese antike Frage stellt sich immer wieder neu, immer wenn etwas gesellschaftlich oder politisch bestimmt werden soll. Das Verhältnis zum Tod bestimmt die Existenz. Und in diesem Punkt kommt Walesa der deutschen Friedensbewegung sehr nahe. Was sagte er noch? "Wir sind schon tot, hier in unserem Osteuropa. Unsere Nationalitäten sind bereits tot. Wir befinden uns in einer Verfallszeit, und unser Leben ist kein Leben mehr. Also haben wir nichts mehr zu verlieren, wenn wir dem Feind entgegentreten – den Russen, den Militärs etc." In die gleiche Richtung gingen übrigens auch die Äußerungen französischer Bischöfe: "Wenn der Selbstmord dem Individuum untersagt ist, dann ist er einer ganzen Nation erst recht verboten. Eine Nation hat nicht das Recht, sich umzubringen." Beim Individuum läßt sich noch darüber streiten, denn man diskutiert ja heute das Recht auf Selbstmord. Aber ein Staat, eine Nation? – Nie und nimmer! Ich frage weiter: hat eine Gattung etwa das Recht, sich umzubringen? Und da stößt man dann wieder auf die deutsche Friedensbewegung. Auf der einen Seite wird also der Selbstmord einer Nation abgelehnt, der Selbstmord Polens, das sich bereits als tot begreift und seinem eigenen Tod, seiner eigenen Marter nicht unbegrenzt zusehen will – daher Walesa. Auf der anderen Seite gibt es eine Nation, die den totalen Krieg erlebt hat, da sie ihn praktisch erfunden hat – die Deutschen. Und sie sagen nun: wir werden den nuklearen Selbstmord nicht hinnehmen. So werden die Dinge etwas klarer. All das ist hochpolitisch, wie du siehst, aber politisch im antiken Sinne. Besser kann ich es auch nicht sagen.

Das bedeutet, die polnischen Verhältnisse unter dem innenpolitischen Gesichtspunkt zu analysieren. Aber Polen ist auch ein Symptom für Rußland. Die Mangelsituation Polens ist in Wirklichkeit diejenige des Sowjetimperiums.

Wenn man die ersten Kapitel aus *L'Insécurité du territoire* von 1969 noch einmal liest, so sage ich darin eigentlich schon das, was Hélène Carrère d'Encausse später im einzelnen in *Risse im roten Imperium*[25] dokumentieren wird (denn sie ist Expertin für die Sowjetunion): das ganze Imperium ist bedroht. Die Sowjetunion ist ein Imperium, das vielleicht nicht zerrissen ist, sich jedoch auflöst. Dasselbe ist übrigens mit Amerika geschehen: es ist kein Imperium in räumlichen Grenzen mehr, sondern ein kulturelles Imperium. Eher ein Imperium des "way of life" als ein territoriales: wirklich im Hier und Jetzt. Ich glaube, daß auch die Sowjetunion ein Imperium darstellt, dessen geographischer Status nach und nach zerfällt – ausgehend vom Islam, was die Südgrenzen betrifft, und mit Osteuropa nun auch an den Westgrenzen.

Heiner Müller, der DDR-Dramatiker nimmt an, daß in Zukunft die innere Erosion der beiden Blöcke eine neue Dritte Welt auftauchen läßt, und zwar gleichzeitig in der UdSSR und in Amerika.[26]

Eben das ist innere Kolonisation und Nicht-Entwicklung.
Es gibt keine Gesellschaften mehr, die sich noch entwik-
keln. Es gibt nurmehr Gesellschaften, die sich *nicht mehr
entwickeln* oder sich unterentwickeln, was das zivile Leben angeht. So stellen Südamerika oder Afrika offenbar
die Avantgarde dessen dar, was sich innerhalb der grossen Blöcke noch abspielen wird, und Europa wird den
Anfang machen. Und nach Südamerika und Afrika, die
bleiben was sie sind, gibt es die Sowjetunion, die sich
schlichtweg gegen eine Entwicklung entschieden hat.Die
Sowjetunion als Avantgarde: das ist neu. Sie nimmt den
totalen Frieden schon vorweg, denn man hat den Konsum-
sektor nicht entfaltet. Das Avantgardistische der Sowjetunion liegt sozusagen in einem Imperialismus, der schon
bei sich praktiziert hat, was andere woanders prakti-
zierten, außerhalb ihrer Grenzen. Nach Chruschtschow
lehnt man es ab, es Amerika im "way of life" gleichzutun,
man ist gegen eine Entwicklung.

*Gerade durch ihre Verspätung haben die Sowjets nun
wieder einen Vorsprung. Sie haben eine Etappe über-
sprungen.*

Und genau das hat ihnen, was die militärischen Investitionen angeht, einen gewissen Vorteil verschafft.

*Die Sowjets ließen im eigenen Lande eine Unterentwick-
lung bestehen, die mit der Afrikas oder Lateinamerikas
durchaus vergleichbar ist. Paradoxerweise haben sie gerade dadurch die Konsumgesellschaft überholt.*

Der ganze Mai 68 richtete sich gegen die Konsumgesellschaft. Die Jugend- und Studentenbewegung (man hat
ihr viele Namen gegeben), die sich am Ende der 60er Jahre in den westlichen Ländern abgespielt hat, war meiner
Ansicht nach schon ein Signal für die Gefahren des maß-
losen Konsums. Der übertriebene Konsum signalisierte
auf kurz oder lang etwas Furchtbares, auch wenn unklar
blieb, was es sein sollte. Die Studenten (die meisten kamen aus kleinbürgerlichen Verhältnissen) waren nicht et-

wa gegen ein relatives Wachstum des Konsums, aber sie hatten begriffen, daß der Konsumexzeß einen Zusammenbruch nach sich ziehen würde. In der Art, wie man den Konsum zum Äußersten gesteigert hatte, war schon ein Zusammenbruch vorgezeichnet: der Entwicklungsstillstand der zivilen Gesellschaft im Westen.

Ein weiteres Paradox liegt darin, daß die Stagnation des Konsums in der UdSSR sie von den Vereinigten Staaten abhängig macht. In gewisser Weise teilen sich die beiden antagonistischen Blöcke die Aufgaben.

Das verstärkt noch die Bindung. Es gibt eine lange Diskussion darüber, ob eine Gesellschaft über das Konsumniveau definiert wird, oder ob der Konsum nur eine verkappte Weise der Zerstörung ist...

Die Verausgabung im Konsum ist sozusagen der westliche Potlatsch.

Ich habe zwar gezeigt, wie sich der militärische zum zivilen Konsum verhält, doch glaube ich nicht, daß man auf diese Weise schon eine Politik bestimmen kann. Denn das hieße nur ein weiteres Mal der Fortschrittsillusion verfallen, die zur industriellen Revolution gehört, der Illusion von einer darwinistischen Evolution etc. Ich meine nicht, daß man den Konsum unterbinden sollte: wie wir gesehen haben, ist das ohnehin die Tendenz. Auf dieser Ebene kommt man nicht wirklich zu einer Analyse. Das ist nicht die Hauptsache, sondern zweitrangig. Ich will auch keine Lagebestimmung vornehmen, sondern ich versuche Tendenzen aufzudecken, und ich glaube, daß viele davon gar nicht mal so unwichtig sind: die Frage der Geschwindigkeit, Geschwindigkeit als Wesen des Kriegs, Technologie als Produzent von Geschwindigkeit, Krieg als Logistik und nicht mehr als Strategie, als Vorbereitung der Mittel zum Krieg und nicht mehr als Schlacht und Kriegserklärung. Und schließlich die innere Kolonisierung: die Kolonie war immer schon Modell für den politischen Staat, einen Staat, der mit der Stadt seinen Anfang nahm, sich über Verwaltungsbezirke zur Nation entwickelte und schließlich das Stadium der französischen und englischen Kolonialimperien erreichte. Und nun flackert wieder etwas auf, das sich bereits angekündigt hatte, als die Kolonien aufgegeben wurden. Das Aufgeben der Kolonien ist kein positives Zeichen, sondern das Anzeichen einer inneren Kolonisierung. Wird nach außen hin entkolonisiert, so wird im Innern intensiver kolonisiert. Die extensive Kolonialherrschaft wird ersetzt durch eine intensive Binnen-Kolonisation.

Und dem entspricht die Intensität des Augenblicks.

Die Intensität des Augenblicks, das Ende der Geschichte, und das Ende der biographischen Erzählungen von Gesellschaften, Völkern, Nationen und Kulturen.

Und das Ende des Menschen.

Ja, das Ende des Menschen im Sinne des *Humanismus*. Und deshalb stellt sich wieder die Glaubensfrage. Denn für mich stellt sich die Frage der Religion nicht innerhalb sondern außerhalb des Humanismus. Es ist eine Frage und keine Antwort. Die Frage der Religion gehört nicht mehr zum Humanismus.

14

Fatales Zusammenspiel und höchstes Idol

Wechselseitige Simulation der Blöcke --- Vietnam und
Watergate --- Der Kommunismus schaltet sich selbst aus
--- Ebbe der marxistischen Ideologie --- Ende der
Meerengen --- Malwinen und Antarktis --- Das Festland
verschwindet --- Absolute Einheit --- Vernichtender
Gegensatz --- Der reine Krieg

---

*Kommen wir ausführlicher auf die UdSSR zurück, den
anderen Partner der fatalen Verbindung. Dem amerikanischen Imperialismus den Vorzug geben – oder auch dem
sowjetischen, wie es Cornelius Castoriadis kürzlich getan hat –, liefe darauf hinaus, das Phänomen des Nuklearen von beiden abzutrennen und ihm gerade dadurch die
Abschreckungswirkung zu nehmen.*

Über die UdSSR weiß man nicht sehr viel. Die Informationen sind dünn gesät und so ist das Bild ziemlich unzu-
verlässig, das man sich von diesem Land machen kann.
Unsere Art, Politik und Gesellschaft zu betrachten, und
das, was sich in der Sowjet-Union abspielt, haben wenig
miteinander zu tun. Was das Politische im engeren Sinne
angeht, wüßte ich nichts zu sagen, es sei denn – hier
komme ich auf meine Biographie zurück –, daß mein Vater Kommunist war und mitmachte beim Personenkult Sta-
lins. Überflüssig zu sagen, daß der Kommunismus als politisches Denken mir immer etwas monströs vorgekommen
ist. Ich möchte daher hier das Gesellschaftliche beiseite
lassen und mich der geostrategischen Situation der Sowjetunion zuwenden. Mit dem militärischen Denken verein-
fachen sich die Dinge erheblich. Ich denke dabei an den

Satz von Clausewitz: Im Krieg ist alles einfach, aber das Einfache ist schwierig.

Das Gegensatzpaar ist das Einfachste überhaupt. Damit beginnt jeder Konflikt.

Es stimmt, daß die UdSSR und die USA sozusagen ein Paar bilden. Wenn man von der Sowjet-Union spricht, muß man auch von den Vereinigten Staaten sprechen; und wenn man von den Vereinigten Staaten spricht, muß man es auch von der Sowjet-Union tun. Sie bilden ein System. Der amerikanische militärisch-industrielle Komplex war Vorbild für den sowjetischen. Die Sowjets waren von den Amerikanern beeindruckt. Immer häufiger wird behauptet, sie hätten sie überholt - ja, doch zählt nicht Quantität, sondern Qualität. Denn Strategie ist eher etwas Qualitatives als etwas Quantitatives - im nuklearen, im Material-Krieg, versteht sich. Die Sowjet-Union ist bei den Vereinigten Staaten in die Schule gegangen - ein Schüler, der freie Hand hat in allem, was die Kriegsökonomie betrifft; denn mit der sozialistischen Wirtschaft kann man, was Kredite angeht, machen was man will. Abgesehen davon ist natürlich der sowjetische militärisch-industrielle Komplex, die "Stratokratie", wie Castoriadis sagt, nur ein Abklatsch Amerikas, ein Spiegelbild, das wir uns mittels der amerikanischen Militärklasse vorstellen. Man kann die Entwicklung der Sowjet-Union auf geostrategischer und militärischer Ebene also nur verstehen, wenn man sich ansieht, was in Amerika vor sich geht. Es ist allgemein bekannt, daß die faktische Macht in den Vereinigten Staaten beim Pentagon liegt. Die amerikanische Militärklasse hat den schwarzen Peter für das Scheitern des Vietnam-Kriegs den Politikern zugeschoben - Nixon in diesem Fall. Watergate war ein Taschenspielertrick; dadurch konnte sich die amerikanische Militärklasse aus der Affäre ziehen, indem sie das Politische in Mißkredit brachte.

So einfach ist es nicht, denn dadurch, daß man Nixon den Kopf wusch, konnte man gleichzeitig die politische

Klasse und die demokratischen Institutionen reinwaschen.

Hätte man sich nicht an Nixon halten können, so wäre es die erste militärische Niederlage der Vereinigten Staaten gewesen. Die amerikanische Armee wollte diese Niederlage nicht verantworten. Eine Niederlage verantworten, in Frankreich kennt man das, in Europa kennt man es – nicht so in den Vereinigten Staaten. Hätte die amerikanische Armee für diese Niederlage die Verantwortung übernommen, so hätte das schwerwiegende Konsequenzen gehabt, erhebliche politische Rückwirkungen (man braucht sich bloß Argentinien anzuschauen). Ich kann mir die Auswirkungen gut vorstellen, aber man hat sie abgewiegelt. Watergate hat ja genau zur rechten Zeit stattgefunden, da es den Präsidenten ins Licht der Öffentlichkeit rückte, nicht aber die Strategen, Generäle und die Kriegsmaschine. Watergate hat also die Spannungen sichtbar gemacht, die trotz allem (selbst in einem Land wie den Vereinigten Staaten) zwischen politischer und militärischer Klasse existieren. Dasselbe spielt sich in der Sowjetunion ab, wenn auch weniger sichtbar. Als sich vor einigen Jahren Breschnew zum Marschall ernennen ließ, so war das für mich irgendwie aufschlußreich. Das bedeutete, daß sich da einer dem militärischen Ritual unterzog, ohne dazu verpflichtet zu sein. Das hat mich sehr gewundert. Die meisten fanden das amüsant – ein Greis, der sich dekorieren läßt. Ich glaube, es ist ernster. Seit der zweiten nuklearen Revolution, seitdem die Interkontinentalraketen wichtig geworden sind, übernimmt die Militärklasse allmählich die Macht in der Sowjetunion. Nicht bloß auf Seiten des Staatsapparates, der Kriegsökonomie, sondern auch im eigentlichen politischen Apparat. Mit Sicherheit läßt sich also sagen: je mehr Zeit vergeht, und je weiter sich die Technik entwickelt, desto mehr wird die sowjetische Armee zur faktischen Macht. Der Kommunismus ist nur noch Fassade und Aushängeschild, das eines Tages nicht einmal mehr nötig sein wird. Was ansteht ist, daß sich der Kommunismus im ost-

westlichen Spannungsverhältnis selbst ausschaltet.

Damit bekommt der "Krieg der Sterne" auf einmal die Dimension eines politischen Manifests: es gibt Gute und Böse, das rote Übel und die freie Welt... In solchen Schwarzweiß-Begriffen definierte Reagan übrigens die Konfrontation der beiden Supermächte.

Ja, und deshalb glaube ich nicht mehr, daß in der gegenwärtigen Situation noch ein ideologischer Krieg geführt wird. Wenn man "Ost" und "West" sagt, so drückt das bereits das dualistische Zusammenspiel zweier verschiedener Weltmächte aus, von denen außerdem die eine von der anderen gelernt hat. Die sowjetische Industrie- und Militärmacht ist ein gelehriger Schüler der amerikanischen. Man kann sie nicht unabhängig voneinander behandeln. Die eine läßt sich nicht ohne die andere verstehen. Wenn man nun nach dem Subversiven am Kommunismus fragt, so scheint mir das total überholt. Dafür ist China übrigens ein gutes Beispiel. Die Erschütterungswelle des Marxismus fängt an im England von Marx und verläuft dann über Frankreich zur Zeit der Commune, über die Spartakisten, die russische Revolution, dann über China, Vietnam – um schließlich auf dem afrikanischen Kontinent zu versanden. Danach ist Ebbe: Ende des Maoismus, Zerfall der Satellitenstaaten, der sozialistischen Republiken, mittlerweile auch Niedergang der sozialistischen Staaten in Afrika und anderswo. Die marxistische Ideologie vermag nicht mehr viel in Bewegung zu setzen. Für mich ist das jedoch eine Folge davon, daß sich ein Kriegsverständnis und Kräfteverhältnisse entwickelt haben, die nicht mehr das geringste mit den Massen und dem Kollektiven zu tun haben, welche die Basis des Sozialismus bilden. Sozialismus heißt Diktatur des Proletariats. Hat man die Diktatur des Proletariats aufgegeben, so hat man den Kommunismus aufgegeben.

Dem reinen Krieg entspricht also die reine Konfrontation.

Die reine, technische und technokratische Konfrontation, deren absolutes Symbol die Amerikaner sind, während die Sowjets ihnen nur nacheifern.

Es bleibt abzuwarten, welchem der beiden politischen Regime es gelingen wird, die effektivste Kriegsmaschinerie aufzustellen. Daß sich die zivile russische Gesellschaft nicht mehr entwickelt und so den Militärs freie Hand gelassen wird, kann seinerseits zum Vorbild für die Amerikaner werden.

Es ist zum Vorbild geworden. Wenn sich die Russen für ihre Kriegsmaschine am amerikanischen Militärwachstum orientiert haben, so orientieren sich die Amerikaner – man sieht die Anfänge mit Reagan – tendenziell an der sowjetischen Nicht-Entwicklung. Sie wollen es bei sich genauso machen. Im übrigen haben sie damit in Südamerika schon angefangen. Es besteht eine wechselseitige Simulation.

Wie wirkt sich hierauf nun die Verlagerung der Konflikte auf die Nord-Süd-Achse aus?

Die gesamte geostrategische Organisation ging von einer Ost-West-Orientierung aus. Die großen Korridore der alten indoeuropäischen Völkerwanderungen verliefen in dieser Richtung. Die Durchgangsstellen, die dabei zu passieren waren, wurden zu Orten politischer Subversion und militärischer Repression. Sowohl der Balkan, die Dardanellen, der Bosperus, als auch die Mittelmeer-Region, Ägypten, der Suez-Kanal, schließlich auch Gibraltar, mit allem, was dazugehört. Die gesamte Ost-West-Konfrontation verlagert sich nun aber auf die Nord-Süd-Achse. Nord-Süd im geostrategischen Sinne und nicht als Achse zwischen entwickelten und unterentwickelten Ländern. Die Schlacht um die Malwinen hat das deutlich gemacht. Die Passagen oder Durchgangsstellen haben keine Bedeutung mehr, die kleinen Pässe, die Gebirgspässe und Meerengen sind nicht mehr wichtig. Mit dem Suez-Konflikt, der noch ein Ost-West-Krieg war, hat es angefangen. Dadurch hat sich im Transportverkehr sehr viel verändert. Der Transportfluß verlief nun nicht mehr über die Kanäle – Suez, Panama, Gibraltar oder Bosperus – sondern verlagerte sich auf das freie Weltmeer, d.h. Kap Horn, Kap der guten Hoffnung, Indischer Ozean, und selbstverständlich Südafrika und die Antarktis. Diese "Umleitung" hängt zusammen mit der Hauptverkehrsader des Persischen Golfs und den grossen Öl-Transportströmen. Aber es geht um mehr: von nun an zählt die quantitative Macht nicht mehr – Anzahl der Schiffe auf See und Home Fleet sind überholt –, die Abschreckung geht von den Atom-U-Booten aus. Das wird bei den START-Abkommen deutlich. Die Amerikaner schlagen vor, die Landstreitkräfte um die Hälfte zu verringern. Denn die Russen haben ihre Stützpunkte zu Land, die Amerikaner aber in den Atom-U-Booten. Die Amerikaner haben auf die Karte der Seemacht gesetzt – da hätten wir wieder das Qualitative –, und dabei hat sich das U-Boot als ausgezeichneter Joker erwiesen. Ein Atom-U-Boot, das den Suez- oder Panama-Kanal passiert, wirkt jedoch nicht mehr allzu abschreckend. Abschreckend wirkt es nur, wenn es sich im freien Weltmeer befindet. Die Abwertung des Landes und der Meerengen wirkt sich auf alle Waffensysteme, alle Kräfteverhältnisse aus. Offenbar kann man nur noch auf die Süd-Passagen setzen. Von nun an verläuft der Transport vom Persischen Golf bzw. Indischen Ozean über den Atlantik, über die Passage Süd-Atlantik/Nord-Atlantik und über den Pazifik. Und hier ist nun die Antarktis ein äußerst wichtiger Pol der Geostrategie. Es ist kein Zufall, daß sich die halbe Welt wie verrückt in diesem Falkland-Krieg engagiert hat. Manche sagten, der Konflikt drehe sich ums Öl – doch darum ging es nicht. Vielmehr ging es um eine neue geostrategische Lage, deren Zentrum oder Achse die Antarktis werden sollte. Seitdem nun geostrategisch der Akzent auf der Nord-Süd-Achse liegt, wird deutlich, daß der Kampf zwischen der Sowjetunion und den Vereinigten Staaten sich völlig verändert hat. Das Schicksal Afrikas, Lateinamerikas und Europas hat sich nun gewendet. Nicht von ungefähr macht Amerika den Europäern momentan so wenig Zugeständnisse. Etwas schlägt um, kehrt sich um, und das sollte man analysieren: es hängt zum einen mit der Bewegungsfreiheit der Atom-U-Boote zusammen, zum anderen damit, daß der große Energie-Transportstrom nicht mehr über Meerengen und Kanäle läuft.

Den beiden Machtblöcken steht ein Zerfall im Innern bevor, aber nach außen hin scheint eine Art gegenseitiger Legitimationsprozeß abzulaufen, eine wechselseitige geostrategische Verstärkung. Das läßt nichts gutes für die Zukunft ahnen.

Die russisch-amerikanische Blockbildung war anfangs gegensätzlicher Natur und wird allmählich – mit dem technischen Fortschritt und dem Zusammenschrumpfen der Welt – zur Verschwörung. Ich habe einmal aus Spaß gesagt, daß man vielleicht eines Tages einen Militärputsch der sowjetischen *und* amerikanischen Militärklasse erleben könnte. Sie könnten im Grunde genommen sehr gut zusammen die Macht ergreifen. Ein Putsch von der Grössenordnung des reinen Staates. Ich entwarf sogar ein kleines Szenario und sagte, ihre Hauptstadt würde vermutlich in der Schweiz liegen...

Damit würde dann auch der Antrieb zum Krieg verschwinden. All das ist politische Fiktion, doch in Wirklichkeit läuft es darauf hinaus, daß der Kampf umso weniger niederzuhalten ist, als die Konfrontation leer läuft.

Kampf heißt, einen Zeit-Raum produzieren, organisieren und beherrschen. Insofern heute noch geostrategische Veränderungen eintreten, bedeutet das, daß irgendwo noch etwas von der Ausgangslage vorhanden ist, daß man sich noch nicht restlos im chronopolitischen Nirwana befindet, daß es irgendwo noch Orte gibt und daß der Ort einem noch einige Zwänge auferlegt – wenn auch immer weniger. Denn wenn der Schiffsverkehr nun um die Kaps von Afrika und Südamerika verläuft, so ist das wiederum eine Deterritorialisierung. Die Tatsache, daß Seemacht und Weltraumwaffen die absolute Gewalt darstellen, zeigt deutlich, daß der Raum seine Stofflichkeit verliert und immer unwichtiger wird.

Auch die Ideologien werden gegenstandsloser. Die Motive für Konflikte erweisen sich als immer weniger glaubwürdig und zumutbar. Der reine Krieg ist ein Konflikt, der tendenziell kein einziges der Ziele mehr hat, die man herkömmlicherweise dem Krieg zuschrieb. So paradox es auch klingen mag: er ist deshalb gewiß umso schwieriger zu bändigen.

Daß man die ideologischen Kriege aufgegeben hat, liegt an der Entwicklung der Technik. Die Technik hat ein zu gewaltiges Vernichtungsvermögen, als daß ein Krieg sich noch auf den Erwerb von Land, Einfluß oder Reichtum beschränken könnte, oder auf die Unterwerfung von Menschen. Der ideologische Krieg ist zum heiligen Krieg geworden. Die technische Überraschung zerstört die Kriegsziele und damit fast auch schon den Krieg, die Kriegsabsicht – zugunsten seiner endlosen Vorbereitung. Von nun an braucht der Krieg nicht mehr durchgeführt zu werden, er muß vorbereitet werden. Seine Vorbereitung besteht im ökonomischen Krieg. Angenommen, die Kriegsmaschine entwickelt sich mehr und mehr, ohne je gebraucht zu werden, ja ohne daß man auch nur daran denkt, sie zu gebrauchen (siehe z.B. die Überraschung, die die Exocet ausgelöst hat; dabei ist die Exocet doch schon eine alte Maschine gewesen), so wird deutlich: die destruktive Wirkung ist auf die Ökonomie übergegangen, auf die Nicht-Entwicklung der zivilen Gesellschaft.

Die ideologische Seite des Konflikts dient mehr und mehr als Alibi für einen Konflikt mit rein nationalen Interessen. Auch wenn die USA die europäischen Staaten für das Erdgasröhren-Geschäft mit der Sowjetunion verurteilt haben, so lieferten sie selbst jedoch weiterhin Getreide an die UdSSR. Man kann sich fragen, was da noch auf dem Spiel steht. Auf welchem Gebiet findet die Konfrontation wirklich statt, wenn die Ideologien sich allmählich zersetzen und dem Zynismus der Großmächte Platz machen? Du hast

*davon gesprochen, man solle nach dem Tod fragen. Wo-
nach fragt man heute? Nach der Macht, nach dem Krieg,
dem Konflikt als solchem?*

Nach der Einheit – und hier taucht dann die Frage nach
Gott wieder auf. Die Spannung zwischen den Vereinigten Staaten und der Sowjetunion birgt ein Verlangen
nach Einheit, d.h. den Willen, daß die Welt eins sei.
Selbstverständlich sagt man das nicht. Das kommt nicht
zum Ausdruck, so etwas kann nicht ausgesprochen werden. Aber es geht wohl darum, einen absoluten Staat, eine einzige, ungeteilte Welt zu verwirklichen. Dieses Bestreben hat mit Alexander dem Großen angefangen und
setzt sich heute zwischen den beiden Großmächten fort.

*Ist das vergleichbar mit den großen Invasionen? Bedeu-
tet es eine Rückkehr der Hunnen?*

Nein. Das stellt ein früheres Stadium dar. Mittlerweile
geht es nicht mehr um Invasion, sondern um Konformi-
tät: die Welt soll eins sein, nur eine einzige Form haben
und ich muß mich damit identifizieren können.

Das wäre eine mythologische Projektion des Krieges.

Gerade das wird mit der Abschreckung versucht: die absolute Einheit herzustellen. Mit der Abschreckung wurde begonnen, einen solchen "Reinzustand" der Welt
durchzusetzen.

*Aber es ist eine Einheit, die über die Uneinigkeit funk-
tioniert. Gäbe es die beiden Blöcke nicht, so gäbe es keinen Konflikt mehr. Etwas ähnliches sagte William Burroughs (mit einem Beispiel): würde man direkt ins Ge-
hirn Elektroden einpflanzen und könnte es damit absolut
kontrollieren, so gäbe es nichts mehr zu kontrollieren.
Besteht nicht die Grenze jedes aktuellen Konflikts in
folgendem: immer künstlicher und um jeden Preis müssen
politische Motive aufrechterhalten werden, muß eine
schlagkräftige Ideologie und ein gewisser Grad von*

nationaler Unabhängigkeit bewahrt werden; denn sonst würde sich der Konflikt in Luft auflösen?

Das ist die große Frage. Bis jetzt läßt sich darauf nur antworten, daß die Welt tendenziell *eins* wird, eins in der Vernichtung. Und das vollzieht sich gerade in der Nicht-Entwicklung.

Die Geostrategie verdoppelt sich in einem inneren Ausbeutungsprozeß, der Konflikt wird ins Innere der zivilen Gesellschaft getragen. Die Tendenz zur Einheit gehört zum Konflikt der beiden Blöcke, der immer leerer, abgehobener und unauflösbarer wird. Damit wird auf beiden Seiten das Aufkommen eines neuen Despotismus verdeckt.

Es ist klar, daß der Gegensatz zwischen sowjetischer und amerikanischer Armee weniger real ist als der zwischen der amerikanischen Militärklasse und der eigenen Bevölkerung (so wie der Bevölkerung von Lateinamarika und Europa). Wo bleibt da die Konfrontation mit einem äußeren Gegener? Es gibt keinen.

Wo aber ist dann der innere Gegner? Die Militärklasse unterscheidet sich letztendlich kaum von der Zivilbevölkerung, wenn man den wissenschaftlich-industriellen Komplex insgesamt als etwas ansieht, worin sich das Militärische kristallisiert. Läuft die Kritik am Machteinfluß der Militärklasse auf die eigene Bevölkerung nicht darauf hinaus, gerade dann noch künstlich Gegensätze aufrechtzuerhalten, wenn sie sich allmählich verwischen?

Nein, ich glaube nicht. Die Auszehrung der Gesellschaft ist sehr real und der Reagan-Plan zur Reorganisierung ist es auch. Die innere Kolonisation hat begonnen und auch das ist sehr real; es ist ein vernichtender Gegensatz. Die beiden Mächte haben ihren Gegensatz unter dem Banner der "Geschichte" aufgebaut, aber auf der alltäglichen Ebene geht es ihnen nur um ihre eigene Bevölkerung; sie untergraben sozusagen ihre eigenen Grundlagen: das ist ein selbstmörderischer Zustand, ein Selbstmordstaat.

Aber die Militärklasse erschöpft sich doch auch ihrerseits im technischen Vorstoß, der Speerspitze und Triebfeder ihrer Vorherrschaft. Entscheidungen hängen doch immer mehr rein von der Technologie ab.

Das denke ich auch. Die Militärklasse befaßt sich nicht wirklich mit der technokratischen Dimension. Sie baut ihre Überlegenheit aus, ist sich aber nicht darüber im klaren, daß die Menschen, aus denen sie sich zusammensetzt, irgendwann mit dem gleichen Recht eliminiert werden, mit dem man sich der Arbeiterklasse entledigt, sobald man sie nicht mehr braucht. Zum Arbeiten hat man ja noch die armen Schlucker in Hongkong. Aus diesem Grund bin ich kein Antimilitarist, sondern mehr als das. Und deshalb unterscheide ich immer zwischen der Militärklasse, den Menschen, aus denen sie besteht, und ihren Mitteln. Auch innerhalb des Militärapparats verschwinden allmählich die Menschen. Denk nur daran, was Salt, der Kommandant der "Sheffield", zum Blitzangriff der Exocet-Raketen gesagt hat: "Das ist bestürzend. Es handelt sich um einen neuen Krieg, den wir Experten noch nicht kennen." Der letzte Satz illustriert ausgezeichnet die gegenwärtige Revolution der Destruktionsweise. Die Doktrin vom Einsatz der Waffen auf dem Schlachtfeld ist durch eine Produktionsdoktrin ersetzt worden. Der Computer hat schon das letzte Wort. Wenn die Doktrin vom Einsatz der Waffen an der Kriegsschule nicht mehr gelehrt wird, so, weil die Entscheidungsspielräume mittlerweile gleich null sind. Man braucht den Krieger nicht mehr, und ebensowenig den Proletarier, der auch ein Krieger war; ein Krieger im industriellen Krieg, an den Fließbändern der großen Stahlwerke von früher. Der fortschreitenden Ausschaltung des Proletariats in der Industriemaschine – sie ist schon recht weit fortgeschritten – entspricht eine Ausschaltung des Soldaten in der Kriegsmaschine.

*Also ist nicht nur der Staat selbstmörderisch geworden;
auch die Kriegsmaschine schaltet sich selbst aus.*

Der selbstmörderische Staat ist ein Staat, der sich selbst
umbringt und alles mit hineinzieht! Alarmierend ist, daß
die Technokraten dieses Problem nicht bedenken. Sie
denken nie daran! Der Kommandant eines französischen
Atom-U-Boots hat kürzlich geäußert: "Sobald ich meine
Salve abgefeuert habe, werde ich mich in meinem U-Boot
umbringen". Das ist das Wort eines echten Kriegers. Ich
töte sie und ich töte mich. Das ist Kamikaze – das genaue
Gegenteil einer politischen Haltung. Der Politiker sagt:
"Man muß sehen. Bevor die Salve abgefeuert wird, müßte man diskutieren." Die Besatzung der Atom-U-Boote
wird nicht dienstlich ernannt, es sind Freiwillige. Der
Kommandant stellt sich hier keine Fragen, oder vielmehr
stellt er sie sich nur, indem er sie sofort verwirft. Er
sagt sich: "Das ist dermaßen schlimm, wenn ich meine
Salve abfeuere, daß ich mich hinterher umbringen werde". Vielleicht könnte er mal vorher daran denken, an
Selbstmord! Warum spricht er nicht jetzt von Selbstmord,
anstatt nachher, anstatt freiwillig Kommandant eines
Atom-U-Bootes zu werden? Das Atom-U-Boot allein ist
schon ein selbstmörderischer Zustand. Gerade hier tritt
der Krieger als falscher Priester auf, wie ich es bereits
sagte. Der Priester spricht vor dem Tod, er spricht *vor*
dem Tod von dem, was nach dem Tod sein wird. Das gehört noch zum Politischen. Deshalb unterhalten Religion
und Politik sehr enge Beziehungen.

*Die Vorherrschaft der Militärklasse gegenüber der Zivil-
bevölkerung ist also über kurz oder lang illusorisch. Beide sind nicht einfach entgegengesetzt: indem sie sich ein-
einander entgegenstellen, implodieren sie.*

Der reine Krieg braucht keine Menschen mehr, deshalb
ist er ja reiner Krieg. Er braucht die Kriegsmaschine
Mensch nicht mehr, keine Mobilmachung von Menschen.
Es ist noch nicht lange her, kaum eine Generation, daß
man keine großen Massen mehr brauchte, um in der Über-

zahl zu sein, wie es Bernanos noch von jenen Truppen im Ersten Weltkrieg sagen konnte, die zum Sturm auf Verdun zogen. "Da ist sie, diese Truppe von Statisten, die angetreten ist, um als Tote in der Überzahl zu sein". Mittlerweile braucht man keine Statisten mehr.

In "The Atomic Café", der Filmcollage über das Herauf-ziehen der nuklearen Gefahr, gibt es eine ergreifende Sequenz, wo man eine Truppe amerikanischer Soldaten sieht, die mit aufgepflanztem Bajonett auf den Atompilz zumarschiert, der sich in einigen Kilometern Entfernung langsam erhebt. Das war die letzte Parade. Die letzten Statisten des Kriegstheaters.

Wir haben es mit einem Kult zu tun. Deshalb spreche ich von Götzendienst. Der reine Krieg ist das absolute Idol, der absolute Götze. Raymond Aron sagte, daß der tech-nische Fortschritt Ideologien an die Stelle der Kriegszie-le gerückt hat. Mit dem Nuklearen hat mittlerweile der wissenschaftliche Fortschritt Idolatrie und Götzendienst an die Stelle der Ideologien gerückt. Denn der Atom-krieg ist Götzendienst. Der reine Krieg bringt uns in eine Lage, die durchaus dem Kult ähnelt, den man in den alten Gesellschaften einem Götzen oder Idol darbrach-te. Wir haben das höchste Idol wiedergefunden.

Paris-New York, Januar-Juni 1982

Anmerkungen

1 *Paul Virilio,* Bunker Archéologie. *Paris: Centre Georges Pompidou, 1975*

2 *Pierre Clastre,* Staatsfeinde. *Frankfurt 1976*

3 *Paul Virilio,* L'Insécurité du territoire. *Paris: Stock 1978*

3a *Die Azimuthalprojektion ist eine der kartographischen Lösungsmöglichkeiten für das Problem, die (dreidimensionale) Oberfläche des Globus auf die (zweidimensionale) Ebene einer Karte abzubilden. Während die gängigen Karten durch eine Zylinderprojektion gebildet werden (die Karte wird wie ein Zylinder um die Erdkugel herumgewickelt), ist bei der Azimuthalprojektion die Karte (die Projektionsfläche) eine Ebene, die die Erde in einem Punkt berührt. Meist wird ein Pol dafür gewählt. Eine solche Projektion kann nur eine Halbkugel der Erde abbilden. (A.d.Ü.)*

4 *Georges Dumezil,* Mythe et épopee. *Paris: Gallimard 1968,* ders., Idées romains. *Ibid 1969*

5 *Jean Baudrillard,* Laßt euch nicht verführen! *Berlin 1983,* ders.: Kool Killer oder der Aufstand der Zeichen. *Ibid 1978,* ders.: Agonie des Realen. *Ibid 1978*

6 *Georges Duby,* Die drei Ordnungen. Das Weltbild des Feudalismus. *Frankfurt 1981*

7 *Paul Virilio,* L'Esthétique de la disparition. *Paris: Balland 1980*

8 *Jean-Francois Lyotard,* Apathie in der Theorie. *Berlin 1978* ders.: Das postmoderne Wissen. *Bremen 1982*

9 *Benoit Mandelbrot,* Les Objets fractales. *Paris: Flammarion 1975*

10 *Gilles Deleuze/Félix Guattari,* Mille Plateaux. *Paris: Minuit, 1980*

11 *Paul Virilio,* Geschwindigkeit und Politik. *Berlin 1980*

12 *Sun Tze,* Die dreizehn Gebote der Kriegskunst. *München 1972*

13 *dt. in: Paul Virilio,* Fahren, fahren, fahren... *Berlin 1978, S. 19-50*

14 *Paul Virilio,* L'etat suicidaire, in: 'Cause commune', Nr. 3, *Paris: 10/18, 1976*

15 *Kollektiv A/traverso,* Alice ist der Teufel. Praxis einer subversiven Kommunikation. *Berlin 1977*

16 *Paul Virilio,* Défense populaire et luttes écologiques. *Paris: Galilée, 1978*

17 *René Lourau,* L'Autodissolution des avant-gardes. *Paris: Galilée, 1980*

18 *soeben erschienen, cf. Paul Virilio*, Guerre et cinéma I – Logistique de la perception. *Paris: L'Etoile, 1984.*

19 *"Italy: Autonomia. Post-Political Politics"*, Semiotext(e), 9, *New York 1980*

20 *Interview mit Hans-Joachim Klein von Jean Marcel Bougereau, frz. in: Libération. 1980, amerik. in: "The German Issue",* Semiotext(e) 11, *New York 1982*

21 *William Burroughs, "Ausrotten", in: Sylvère Lotringer,* New Yorker Gespräche. *Berlin 1983*

22 *Luce Irigaray,* Das Geschlecht das nicht eins ist. *Berlin 1979, dies.:* Speculum. Spiegel des anderen Geschlechts. *Frankfurt 1980*

23 *Alvin Toffler,* Die Zukunftschance. *München 1980*

24 *Jean Baudrillard,* Der symbolische Tausch und der Tod. *München 1983*

25 *Hélène Carrère d'Encausse,* Risse im roten Imperium. Das Nationalitätenproblem in der Sowjetunion. *München 1980*

26 *"Mauern", Gespräch mit Sylvère Lotringer, in: Heiner Müller,* Rotwelsch. *Berlin 1982.*

Anselm Kiefer, Unternehmen Seelöwe, 1975